이기적 직원들이
만드는
최고의 회사

SELF-MOTIVATED PROFESSIONALS MAKE THE BEST COMPANY

이기적 직원들이 만드는 최고의 회사

유호현

스마트북스

이기적 직원들이
만드는
최고의 회사

초판 발행 2019년 4월 30일
4쇄 발행 2020년 12월 29일

지은이 유호현
펴낸이 유해룡
펴낸곳 (주)스마트북스
출판등록 2010년 3월 5일 | 제2011-000044호
주소 서울시 마포구 월드컵북로 12길 20, 3층
편집전화 02)337-7800 | **영업전화** 02)337-7810 | **팩스** 02)337-7811
원고투고 www.smartbooks21.com/about/publication
홈페이지 www.smartbooks21.com

ISBN 979-11-85541-96-9 13320

의사가 수술 전에 간호사에게 이렇게 말한다.
"수술만 안 하면 내 일이 정말 재밌을텐데."
교향악단의 지휘자가 이렇게 말한다.
"이런 공연만 안 하면 내 일이 정말 재밌을텐데."
농구선수가 이렇게 말한다.
"내가 농구 경기들만 안 뛰면 내 일이 정말 재밌을텐데."

– 패트릭 렌시오니, 『회의가 살아야 회사가 산다』

자신의 영역을 가진 프로페셔널이 자기 일을 하고 싶지 않다고,
그 일이 없어졌으면 하는 것은 이상한 일이다.
그렇지만 지금 우리나라의 현실에서는 자신이 전문영역을 가지고 있어도
일을 하고 싶어서 하는 사람들이 많지 않다.
우리나라 직장인에게 가장 마음에 와닿는 덕담은 다음과 같다.

"감사합니다. 선생님. 사시는 동안 적게 일하시고 많이 버세요(장류진, 「일의 기쁨과 슬픔」)."

머리말

더 이상 누군가를 벤치마킹하지 않는 대한민국을 꿈꾸며

회사 가기 싫은 나라

우리는 왜 회사에 가기 싫은 사람들이 되었을까? 회사에 있는 것이 행복하다는 말은 남의 나라 이야기나 불가능한 이야기로 여기고, 퇴사에 관한 책과 글에 커다란 관심을 가질 만큼, 많은 사람들이 돈만 있으면 가장 먼저 하고 싶은 것이 '퇴사'라고 꼽는다.

우리는 긴 노동시간과 낮은 생산성으로 악명이 높다. 몇 십 년 전만 해도 엄청나게 높은 경제성장률과 노동생산성을 자랑하는 제조업 국가였지만, 이제는 긴 노동시간은 그대로 남고 생산성은 높지 않은 답답한 국가가 되어버렸다.

한편 열심히 일해서 회사에 기여하던 모습은 윗사람의 눈치를 보면서 보여주기 식으로 일하는 문화로 바뀌었다. 왜 그렇게 되었을까? 한국 밖의 기업들을 경험하고 관찰하면서 알게 된 것은 회사에 가기 싫은 것이 당연한 것이 아니라는 것이다.

답답한 시내도로를 가득 메운 스포츠카
—위계조직에 갇혀버린 혁신 인재들

우리 기업들이 하는 사업은 더 이상 단순노동 제조업이 아니다. 고객의 니즈를 파악하고, 남들이 생각하지 못한 새로운 방법으로 접근하여 새로운 모델을 제시해야 하는 사업들이다. 우리의 제조업 또한 고도화되면서 '새로운 개념 설계'가 역량이 되고 있고, 그 외에도 우리가 해야 하는 일은 금융상품 설계, 소프트웨어 개발, 새로운 레스토랑 모델 개발, K-POP 모델 개발 등 새로운 것을 설계하고 만드는 것에 집중되고 있다.

단순노동 제조업에서는 시키는 대로 열심히 하는 것이 최고의 미덕이고, 가장 효율적인 방법이다. 우리 기업문화는 그러한 제조업 시대의 문화를 바탕으로 이루어졌다. 이른바 '위계조직'이다. 위계조직은 맨 위에서 모든 것을 결정하고, 아래에서는 결정된 사항을 빠르게 따른다. 하지만 이러한 위계조직은 새로운 개념을 만들어내고 지금까지 없던 것을 시도하는 일에는 적합하지 않은 조직이다.

모든 것이 명령과 데드라인으로 이루어지는 위계조직에서는 혁신을 하기 위해서도 "1개월 후까지 혁신을 만들어 오세요"라고 명령할 수밖에 없다. 즉 혁신이 데드라인을 가지고 성과를 내야 하는 단기 프로젝트가 되어버리는 것이다. 단기 프로젝트는 낮은 리스크, 투자 대비 효과가 높은 성과, 명령권자에게 성과를 쉽게 전달할 수 있는 보고서와 프레젠테이션을 추구한다. 이러한 데드라인을 가진 단기 프로젝트의 특징은 실패의 반복으로 이룰 수 있는 혁신을 거의 불가능한 도전으로 만들어버린다.

우리는 그동안 위계조직의 방식으로 새로운 자동차도 만들고, 스마트폰도 만들고, 금융상품도 개발하고, 소프트웨어도 만들어왔다. 하지만 위계조직의 방식으로 혁신을 하는 것은 마치 스포츠카를 타고 시내운전을 하는 것만큼이나 답답한 일이다.

왜 똑똑한 사람들이 바보가 되어버리는가?

개발도상국 시절과 같이 전반적으로 교육수준이 낮고, 창의력이 필요하지 않은 일을 할 때에는 규율과 규제가 중요했다. 즉 한 사람 한 사람을 같은 방식으로 표준화된 생산공정에 투입하는 것이 가장 효율적이었다. 모든 사람이 스쿠터를 타고 다닐 때에는 최고속도를 낼 수 있도록 하는 것보다 사고가 나지 않게 하는 것이 더 중요한 것과 같다. 그래서 우리 기업들은 시내도로에서 지켜야 하는 교통규칙처럼 많은 규제와 규율을 만들어왔다.

그런데 교육수준이 올라가면서 이제 우리는 스포츠카를 타는 것처럼 더 큰 업무역량을 갖게 되었다. 하지만 기업문화는 그에 맞춰 변화하지 않았고, 이전 시대에 안전을 중시하며 만들었던 속도 제한과 신호등을 그대로 유지했다. 따라서 그 안에 갇혀버린 고학력 전문 인력들은 지옥 같은 답답함을 맛보게 되었다.

그동안 열심히 돈을 모아 산 스포츠카를 시속 40km로 속도가 제한된 길에서 운전해야 하는 것처럼, 열심히 공부해서 쌓아올린 실력과 전문성도 위계조직의 틀에 갇히니 아무런 소용이 없었다. '똑똑한 사람들이 회사에 들어가서 바보가 되어버리는' 일이 일어나는 것이다.

스포츠카가 마음껏 달릴 수 있는 고속도로 체계

—전문성이 뛰어난 직원들을 위한 역할조직

우리 기업들에서 뛰어난 스포츠카 같은 직원들이 시내도로를 느리게 달리며 답답하게 자신의 능력을 제한받고 있을 때, 실리콘밸리는 스포츠카를 위한 고속도로를 사방에 깔고 자유롭게 달리기 시작했다. 구글, 페이스북, 우버, 트위터, 에어비앤비, 애플, 넷플릭스, 아마존, 자율주행 스타트업, 유전자 공학 스타트업 등 전문가의 능력을 최대한 활용하는 수많은 혁신 기업들이 생겨났고, 그들은 빠르게 세계 경제를 장악하기 시작했다. 이러한 문화는 미국에 원래 있던 것이 아니다. 혁신에 최적화하기 위해 모두가 함께 끊임없이 고민한 결과이다.

전 세계 사람들은 지금 이 순간에도 수많은 방법을 통해 실리콘밸리 기업들에 돈을 내고 있다. 그리고 실리콘밸리 기업들은 새로운 사업 분야를 만들어 독점시장을 만들어가고 있다. 데이터와 정보교류의 구글, 소셜 네트워크의 페이스북과 트위터, 숙박 공유경제 에어비앤비, 차량 공유경제 우버, 콘텐츠 스트리밍의 넷플릭스 등, 이들은 이미 전 세계에서 독점적 지위를 구가하고 있다.

심지어 이들 회사에 다니는 직원들은 우리나라에서 상상하기 힘들었던 '행복'이라는 말로 회사생활을 설명한다. 회사생활이 행복하면 일이 부족하다고 생각하거나 죄책감을 가져야 했던 제조업 시대의 우리 마인드로는 상상하기 힘든 일이다.

나는 이렇게 스포츠카를 마음껏 달릴 수 있게 한 고속도로 체계, 즉 전문성이 뛰어난 직원들이 역량을 마음껏 발휘하면서도 보람과 행복을 느끼게 하는 체제를 위계조직과 대비되는 '역할조직'이라고 부르고자 한다.

스포츠카를 위한 고속도로 사회

위계조직은 가장 높은 사람에게 결정권이 집중되어 그의 역량에 의해 회사 전체가 좌우되지만, 역할조직은 각 역할을 맡은 한 사람 한 사람이 결정권을 갖고 자신의 일에 책임지며 일을 해나간다. 시내에서 신호등과 교통통제를 지키며 가는 체제가 아니라, 자신의 운전에 스스로 책임지며 속도 무제한으로 가고 싶은 곳에 갈 수 있는 스포츠카의 천국과 같은 교통체계이다. 이것은 조직의 구성원 각자가 자신의 스포츠카를 어떻게 안전하게 다루어야 하는지 정확히 아는 전문인이기 때문에 가능하다.

물론 역할조직이 모든 곳에 적용될 수 있는, 기업문화의 만병통치약은 아니다. 무제한의 속도를 내는 고속도로는 그 나름의 위험성을 가지고 있고, 스쿠터를 타고 있는 사람에게는 죽음의 현장이 될 수도 있다. 능력 없는 사람에게는 보상이 주어지지 않으며, 혁신에 기여했을 때에만 평가받는다.

역할조직에서는 회사에 대한 충성심이나 애사심, 배우려는 자세, 겸손함과 한결같은 성실함은 별 의미가 없다. "당신은 당신의 능력을 이용해서 어떻게 우리 회사의 비전에 기여했습니까?"라는 질문에 답할 수만 있으면 된다. 그 질문에 답을 할 수 있는 한, 하와이 해변에서 일주일씩 휴가를 갖고, 회사에 나오지 않고 집에서 일하거나 점심식사를 세 시간씩 해도 상관이 없다. 그러나 이 같은 상황은 위계조직에서 회사의 중추를 차지하고 있던 중간관리자들에게는 끔찍한 일이다. 시내도로 사거리에서 교통정리를 하던 경찰들을 고속도로 한가운데 데려다놓은 모습일 것이다.

이 책의 4단계 구성

1장 '위계조직을 넘어 역할조직으로'에서는 역할조직은 어떻게 구성되어 있으며, 왜 강력한 규율 없이도 최고의 속도와 실적을 위해 달리는지에 대해 살펴보았다.

실리콘밸리의 직원들은 사무실에 당구대나 오락실이 있고, 출퇴근 시간도 자유로우며 회사에 안 나와도 되고, 휴가를 무제한으로 써도 되지만, 그들이 놀면서 수억 원에 달하는 연봉을 받는 것은 아니다. 적은 시간 노동을 하지만 그들이 만드는 가치는 그들이 가져가는 수억 원의 연봉을 웃돈다. 어떻게 이러한 조직체계가 가능한지에 대해 이야기한다.

2장 '성과주의를 넘어 기여주의로'에서는 역할조직에서 전문가들을 평가하는 방법에 대해 이야기한다. 성과주의는 공정하고 획일화된 기준으로 성과를 평가하고 그에 따라 차등적 포상을 하지만, 각 개인의 다양한 특성을 제대로 평가에 반영할 수가 없으며, 다양한 사람들의 특질을 평가하기 위해서는 매우 복잡한 평가체계가 필요하다.

이를테면 축구선수를 성과주의로 평가한다면 득점 수, 어시스트 수, 패스 성공률, 태클 성공률, 골키퍼의 수비 실적 등 다양한 성과 수치를 활용하겠지만, 그런 수치들로는 각 선수의 가치를 제대로 판단할 수 없다. 각자 다른 장점을 가진 사람들을 평가하려면 이 한 가지 질문이 더 중요한 평가척도가 되어야 한다. "당신은 우리 팀의 승리와 성공을 위해 어떻게 기여했습니까?"

3장 '완벽주의를 넘어 경험축적으로'에서는 실수 없이 시간 내에 제품을 만들어내는 완벽주의가 제조업에서는 중요한 원칙이자 품질 향상의 동력이 되지만, 혁신을 위해 실패를 거듭해야 하는 환경에서는 혁신을 가로막는 큰 걸림돌이 된다는 점을 살펴보았다.

끊임없이 실패하고 그 실패로부터 경험을 쌓아서 조금씩 성공률을 높여가는 경험축적의 방법론으로 널리 활용되는 것이 애자일 방법론이다. 애자일은 근본적으로 시간 내에 계획된 제품을 만들어내는 제조업적 완벽주의와는 거리가 멀다. 경험축적의 방법론으로 애자일 원칙을 어떻게 혁신조직에 적용하고 녹여낼 수 있는지에 대해서도 살펴보았다.

4장 '기술집약을 넘어 개념설계로'에서는 지금까지 제조업 위주의 기술집약에 최적화되어 있는 우리나라가 이제 더 이상 저임금 등 개발도상국의 이점을 활용할 수 없는 선진국이 된 시점에서 어떠한 패러다임 전환이 필요한지 살펴보았다.

더 이상 누군가를 벤치마킹하고 경쟁에서 우위에 서기 위해 기술 보안을 강화하는 시스템으로는 제대로 된 선진국이 될 수 없다. 학교에서

1등을 위해 달리는 청소년과 같은 개발도상국의 마인드로는, 이미 성인이 되어 내가 어떻게 사회에 기여해야 하는지를 고민해야 하는 선진국으로서의 경쟁력을 가질 수 없다.

이제 우리는 누군가를 따라 하기보다는, 우리가 누구인지를 찾아야 한다. 전교 1등 청소년은 미래가 촉망되는 떠오르는 용과 같은 존재일 수 있지만, 사회에 기여할 수 있는 자신만의 가치를 찾지 못한 전교 1등 출신 성인은 별 의미가 없다.

벤치마킹 사회를 넘어, 유일하고 새로운 것을 만드는 사회로

이 책에서 나는 혁신에 유리한 실리콘밸리식 조직체계를 이해하고 활용하는 방안을 모색하려고 노력했다. 하지만 실리콘밸리를 벤치마킹하는 것이 우리가 해야 할 일은 아니다.

우리는 실리콘밸리를 이해하고, 또 다른 많은 선진국들과 체제들을 이해해서 우리가 어떤 선진국이 될 것인가, 어떤 기업이 될 것인가, 어떤 직원이 되고 어떤 학생이 될 것인가를 고민해야 한다.

이제 치열하게 경쟁하고 생산하여 격차를 벌리고 우위를 점하는 제조업적 산업체제는 고임금 고물가의 선진국이 된 우리나라에서 점점 그 강점을 잃어가고 있다. 이제 경쟁을 하기보다는 우리가 누구이고, 어떻게 남들과 다른 우리만의 방식으로 세상에 기여할 것인가를 치열하게 고민해야 할 시점이다.

2019년 4월

유호현

차례

한국은 무한경쟁 속에서 생존하는
제조업에 가장 잘 어울리는 위계조직을 만들었다.
실리콘밸리는 혁신을 통해 새로운 시장을 창조하는
소프트웨어에 최적화된 역할조직을 만들었다.

제조업 방식은 소수의 엘리트와 다수의 묵묵히 일하는 일꾼이 필요하다.
하지만 전문가들이 모여 혁신을 이루는 조직과는 잘 어울리지 않는다.
제조업 방식으로 모든 일을 해온 우리는
이제 혁신의 시대를 맞아 새로운 고민을 시작해야 한다.

1장

위계조직을 넘어 역할조직으로

회사는 딱히 나에게 일을 시키지 않았다

일을 시키지 않는 회사

2013년 실리콘밸리에 와서 트위터와 에어비앤비에서 일했던 나는 처음 몇 년 동안은 이 회사들이 도저히 이해가 되지 않았다. 어떤 사람은 오전 10시에 출근해서 오후 5시에 퇴근했으며, 점심시간을 두 시간씩 쓰는 사람도 있었다. 그런가 하면 밤낮없이 열심히 일하는 사람도 있었고, 얼마나 바쁜지 점심도 자리에서 먹고 마는 사람도 있었다.

회사는 나에게 딱히 일을 시키지 않았다. 나는 이러다 잘리는 것이 아닌가 싶을 정도의 자유를 누렸다. 하루는 우리 집 강아지가 아파서 병원에 데려가야 한다고 이메일을 보냈더니, 팀원들이 가족이 최우선이라며 당연히 회사는 안 나와도 된다고 했다. 반차를 쓴 것도 아니었다. 그냥 안 나갔다. 트위터 사에는 어차피 무제한 휴가정책이 있어서, 휴가를 따로 신청할 것도 없긴 했다.

이후 3년 동안 나는 꽤 열심히 일했다.

나는 온갖 삽질을 다 하는 '인문학 전공' 엔지니어였다

나는 정말 온갖 삽질을 다 하는 엔지니어였다. 컴퓨터공학을 전공하지 않고 인문학인 영문학과 문헌정보학을 전공했던 나에게 엔지니어링은 낯선 영역이었다. 데이터베이스 기초를 이해하지 못해 중복 데이터를 만들기도 했고, 시스템을 이해하는 것은 포기하고 어떻게든 돌아가는 코드만 만들었다. 그럼에도 매니저, 주위 동료들의 조언과 도움으로 곧 좋은 엔지니어로 성장해갈 수 있었다.

일을 열심히 했지만 아침 일찍 회사에 간 것도 아니었고, 늦게까지 일하지도 않았다. 집에 가서 일을 한 것도 아니었다. "출근하지 않고 집에서 일하겠습니다Work from home"라고 이메일을 보내놓고 하루종일 집에서 일하기도 했다.

나는 내 프로젝트를 내 속도에 맞추어 조절하며 진행했고, 많은 것들을 만들어냈다. 그것들을 보고 있으면 자랑스럽고 뿌듯했다. 윗사람이 좋게 평가해주어, 또는 승진을 해서 기쁜 것이 아니었다.

내가 하는 프로젝트 자체가 신나고 재미있었고, 내 일을 사랑했다. 내가 잘하지 못하는 수학적 부분이나 알고리즘적 부분은 그 분야를 좋아하고 잘하는 동료들이 맡아서 했다. 나는 단점을 고치기 위해 노력하기보다는, 사용자를 먼저 생각하는 인문학적 시각과 전체적 설계와 새로운 개념들을 만들어내는 데 능한 내 장점들을 활용해 일을 해나갈 수 있었다.

일을 시키지 않는 회사에서 만난 '일 시키는 매니저'

한번은 매우 권위적인 매니저와 일한 적이 있다. 그는 내가 해야 할 일을 정해주었고, 어느 기한까지 그 일을 끝내면 승진을 하도록 도와주겠다고 했다.

처음에는 꽤나 끌리는 제안이라고 생각했다. 그때까지는 누구도 그렇게 명확하게, 언제까지 무엇을 하면 승진시켜주겠다고 한 사람이 없었다.

그 매니저 아래의 사람들은 다들 데드라인deadline, 마감을 가지고 일했다. 그가 정해준 데드라인에 일을 끝내면 승진도 할 수 있었고, 전체 이메일로 크게 칭찬을 받기도 했다.

하지만 데드라인은 늘 빠듯하게 정해졌고 모든 팀원들이 정신없이 바빴다. 너 나 할 것 없이 바빠서 서로 도와주는 것을 큰 희생으로 여겼고, 서둘러서 하다 보니 다들 최대한 빠른 방식으로 소프트웨어를 만들어갔다. 테스트를 꼼꼼히 하기보다는 "지금은 테스트할 시간이 없다"는 말도 많이 했다.

컴퓨터공학을 전공한 보통의 엔지니어들보다 수학적 엔지니어 실력이 다소 부족했던 나에게는 지옥 같은 시간의 시작이었다. 모든 것을 거의 혼자 해야 했고, 도움을 받으려면 매우 어렵게 허락을 받아서 빨리 질문해야 했다. 모두가 '바쁘다'라는 말을 입에 달고 살았고 서로 피곤해하는 모습을 보면서 동질감을 느꼈다. 그리고 표준화된, 시키는 일을 잘하는 엔지니어가 되기 위해서는 모두 비슷한 실력을 갖추어야 했다. 나 역시 내 장점을 살리기보다는 단점을 보완하기 위해 더 많이 노력해야 했다.

그 팀에 있을 때에는 스트레스를 매우 많이 받았다. 데드라인의 압박 속에서 품질을 희생하면서 빠르게 코드를 쓰기에 바빴다. 그렇게 하다 보니 막상 데드라인을 맞추어도 버그 때문에 나중에 더 고생을 하곤 했다. 1년 후에는 번아웃burnout이 왔다. 더 이상 일을 하기가 싫었다. 계속 이렇게 살면 회사도 일도 너무 싫어질 것 같았다. 늘 즐거운 취미였던 코드 쓰기는 더 이상 취미가 아니게 되었고, 일할 때 외에는 코드를 보기도 생각하기도 싫어졌다.

번아웃이 오고 나서 매니저와 1:1 미팅에서 요즘 많이 힘들다는 이야기를 했다. 매니저는 큰 프로젝트를 하고 나면 흔히 있는 일이라며 휴가를 권했지만, 내게 필요한 것은 단순한 휴가가 아니었다. 프로그래밍에 대한 사랑을 다시 찾고 싶었고, 더 이상 데드라인에 쫓겨 일을 하고 싶지는 않았다. 밤새 고민한 끝에 팀을 옮기기로 결정했다.

다행히 회사 내 이동이 쉬워서 팀을 옮길 수 있었다. 그 후 나의 단점보다는 장점을 살리고, 동료들의 장점이 나의 단점을 보완해주는 팀에서 일하게 되었다. 내 단점들은 서서히 보완되어나갔지만 그것에 집중할 필요는 없었다.

권위적 매니저의 데드라인이 가져온 번아웃

권위적인 매니저가 있는 팀에서는 사람들이 열심히 일했지만, 1~2년 후 약속된 승진을 하고 나면 일을 하지 않기 시작했고, 경험을 쌓은 시니어 엔지니어들은 코드를 쓰기보다는 말로 때우면서 신입 엔지니어들에게 일을 주는 것에 집중했다. 경험이 부족한 엔지니어가 쓴 코드에는 종종 버그가 많았고, 그들은 그 한 가지 프로젝트만을 위해서 일했으므로 장기적인 계획이 없었다. 향후 프로젝트에 초석이 될 코드가 되기에는 테스트도 너무 부족해서, 처음부터 다시 만들어야 하는 경우도 많이 생겼다.

반면 매니저가 리더로서 할 일을 정해주기보다는 엔지니어들이 일을 잘할 수 있도록 보조해주는 역할을 하는 팀에서는 엔지니어들이 힘들게 일하지 않았다. 시간에 쫓기며 일하기보다는 장기적인 측면에서 프로젝트를 평가하고 미래의 프로젝트가 쉬워지는 방법을 택했다. 그래서 신기술을 도입하고 많은 테스트를 거쳐서 향후 프로젝트들의 초석이 되도록 진행했다.

일을 열심히 하지 않은 것은 아니다. 그렇지만 데드라인을 두고 급하고 바쁘게 일하지는 않았다. 각자가 자신이 만들고 있는 프로덕트를 사랑했고, 멋진 프로덕트가 되길 바랐기에 장기적인 관점에서 최선의 방향을 선택하려고 노력한 것이다.

무언가를 만드는 것은 정말 재미있는 일이다. 만드는 데에 특히 희열을 느끼는 사람들이 있다. 밤을 새워 레고를 만들거나 게임을 통해 도시를 만들면서 즐거워하는 사람들이다. 실리콘밸리는 그런 사람들이 마음껏 자신이 하고 싶은 일을 하도록 최적화되어 있는 시스템이었다.

아무리 좋아하는 취미도 일이 되면 재미없다는 말은 우리나라에서 상식처럼 통한다. 그렇지만 실리콘밸리에서 소프트웨어를 만드는 사람들에게는 그렇지 않은 경우도 많았다. 최소한 나는 팀을 옮긴 이후에는 일을 하는 것이 하루하루 재미있었다. 세계인이 사용하는 소프트웨어를 만들어 내놓는 것은 정말 짜릿한 경험이다.

그렇지만 권위적인 매니저 아래에서 데드라인에 맞추어 일하는 동안에는 일하는 즐거움을 찾기 어려웠다. 과중하게 일하다 보니 어떻게 하면 일을 덜 할까를 궁리했다. 최고의 프로덕트를 만드는 것보다, 열심히 일하는 것 자체에 관심을 두는 사람들 앞에서 나는 쉬고 싶을 때는 핑계를 찾아야 했고, 테스트는 최소한으로 해야 했다. 한번 만든 코드를 수정하여 더 좋게 개선하는 일도 많은 눈총을 받았고, 시간도 없는데 처음부터 제대로 하지 않았다는 비난을 감수해야 했다.

반면 지금의 팀에서 나는 늘 이미 써놓은 코드를 수정하여 더 좋게 만든다. 이것을 '코드 리팩터링code refactoring'이라고 하는데 이렇게 코드들을 잘 수정하여 다져놓으면 나중에 수정할 때도 훨씬 쉽게 오류를 줄일 수 있고 개발시간도 단축할 수 있다. 코드 리팩터링은 기존의 코드가 잘못되어서라기보다는, 더 개선할 수 있는 여지가 있기에 더 읽기 쉽고 관리하기 쉽도록 만들어놓는 것이다.

단순히 수평적인 조직이 아니었다

이처럼 엔지니어들의 역량을 최대로 활용할 수 있게 하는 실리콘밸리의 방식을 한마디로 설명하기는 매우 어렵다. 무한한 자유, 수평적 구조, 애자일, 좋은 복지 등 단편적인 특징으로는 근본적인 차이를 설명하기 힘들다. 그래서 많은 한국 기업들과 엔지니어들은 실리콘밸리의 이러한 체제를 문화적 근본부터 다른, 이상적인 세상의 부러운 일 정도로 여겨왔다.

일하는 것이 재밌고, 장기적인 관점에서 더 좋은 소프트웨어를 만들어내는 실리콘밸리만의 체제. 지금은 엔지니어로 일하고 있지만, 인문학을 전공한 나는 이 체제를 우리 관점에서도 이해하기 쉬운 개념의 틀로 설명하고 싶었다. 그래서 매일 출퇴근길에 조직을 설명하는 여러 가지 틀을 가지고 실리콘밸리의 체제를 모델링하기 위해 노력했다.

수평적 조직에 대해 시작했던 내 고민은 구글이 인재를 '스마트 크리에이티브smart creatives'라고 하고, 넷플릭스가 엔지니어들을 '프로 스포츠 선수처럼 대한다'는 글을 읽으며 차츰 구체화되었다. 그렇게 고민한 지 3년쯤 되었을 때, 여러 생각의 가닥들이 하나의 틀로 모이는 것을 발견했다. 그 발견을 모아 역할조직이라는 개념을 만들고, 블로그 사이트인 미디움에 글을 올리게 되었고, 책까지 출간하게 된 것이다.

역할조직인 우리 팀의 '독특한' 근무수칙

며칠 전, 팀 매니저가 보낸 우리 팀의 근무수칙을 발췌, 번역했다. 지금은 당연하게 보이는 원칙들이지만, 실리콘밸리에 처음 와서 이런 가이드라인을 봤을 때에는 정말 충격적이었다.

팀워킹 가이드라인

원칙

1. 위급하고 중대한 사고가 아닌 경우, 누구도 야근을 하거나 주말에 일을 해서는 안된다.

긴 근무시간과 개인 건강을 희생하면서 일하는 것에 적극적으로 반대한다.

2. 자율적이고 탄력적인 근무시간을 존중한다.

3. 근무시간 외에 일하는 것을 선호하는 직원은, 평상적인 근무시간에 일하는 다른 직원들을 존중해야 한다.

4. 코드 리뷰 요청은 핵심 근무시간(오전 10시~오후 4시)에만 허용한다.

주말에 코드 리뷰 요청을 보낸다면 다른 직원에게 일을 강요하는 것과 마찬가지이다. 코드 리뷰를 해주는 직원과 주말근무에 대해 합의가 되었더라도, 그외의 직원들이 코드 리뷰를 하지 못하는 문제가 발생하므로 주말에 코드 리뷰를 보내는 것을 금지한다.

5. 서버 업데이트도 핵심 근무시간 내에만 허용한다.

만약 코드 디플로이가 서버에 문제를 발생시킨다면, 동료들이 사고 해결을 위해 근무시간 외에 일해야 하므로 근무시간에만 서버 업데이트를 하도록 한다.

업무 가이드라인

1. 사고 대응 시

· 감당할 수 없으면 지원을 요청한다.

· 새벽에 대응한 경우 충분히 잠을 보충할 수 있도록 한다.(잠을 자야 할 때는 회사에 나오지 않아도 된다.)

· 포스트모텀(189쪽 참조)을 반드시 쓴다.

2. 비현실적이고 타이트한 데드라인

· 고객들과 자주 만나서 데드라인을 조정한다.

· 데드라인을 세울 때 합리적으로 자원을 계획한다.

· 내부적으로는 낙관적으로, 외부에는 보수적으로 타깃 날짜를 지정한다.

3. 동료의 압박

· 오전 10시부터 오후 4시까지 핵심 근무시간에만 대답을 기대한다.

· 근무시간 외에는 메신저보다 이메일을 활용한다.

이러한 근무수칙은 장기적으로 지속 가능한 개발환경을 만들기 위한 노력의 일환이다. 나는 처음에는 프로젝트 하나하나가 타이트한 데드라인을 가지고 따로 발주되는 사고방식에 익숙했기에, 이러한 원칙들이 이해가 가지 않았다. 그런데 장기적으로 계속 진화하는 소프트웨어를 만드는 애자일 방식으로 몇년간 개발을 경험한 후, 이러한 원칙이 지켜지지 않으면 거의 재앙과 같은 결과가 온다는 것을 체득했다.

이러한 원칙을 지키지 않고 짧은 시야를 가지고 개발을 무리해서 진행한 팀은 단기개발 후에 엔지니어들이 모두 팀이나 회사를 떠나고, 성급하게 만들어진 버그 많은 코드만 남았다. 애자일 개발에서 번아웃은 생각보다 심각한 문제였다.

실리콘밸리는 여유롭게 일하는 걸까, 밤낮 없이 일하는 걸까?

실리콘밸리에 대해 다양한 시각과 많은 이야기들이 있다. 혁신이 있는 곳, 사업의 성공을 위해 가정과 휴식도 반납하고 뛰어드는 곳, 오전 10시에 출근해서 오후 5시면 퇴근하는 곳, 무한한 자유와 휴가가 주어지는 곳, 집값이 어마어마하게 비싸서 월세가 300만 원이 넘는 곳, 상하 관계가 없이 모두 평등한 곳, 그래도 인종차별과 유리천장이 있는 곳 등.

우리는 실리콘밸리에 대해 많은 이야기를 듣지만, 말이 되지 않거나 서로 상반된 정보들이 많다. 상하 관계가 없다는 것이 말이 되는가? 오전 10시에 출근해서 오후 5시에 퇴근한다는 것이 말이 되는가? 어차피 엔지니어는 계획된 프로젝트에 맞는 코드를 빨리 만들어내야 하는 사람들이 아닌가?

이러한 겉모습에 대한 질문들을 연결하는 것만으로는 답을 찾기가 어렵다. 일을 안 하는데 혁신이 있다고 하고, 일을 많이 하는 사람들도 있다고 하고…….

그렇지만 답은 사실 간단하다. 실리콘밸리에서 이루어지는 엔지니어 일의 가장 근본적인 특징은 '우리'의 프로젝트가 아닌 '나'의 프로젝트를 한다는 것에 있다.

위계조직 vs. 역할조직

의사결정 권한은 회사에서 가장 중요한 권력이며, 가장 적합한 사람이 가져야 하는 권한이다. 전체적인 큰 그림을 볼 수 있으면서도 실무적인 문제들까지 고려해야 한다. 그렇지 않으면 탁상공론이 되어버려 비현실적인 결정을 하거나, 실무에만 치우쳐서 전체 사업에는 도움이 되지 않는 결정을 내릴 수도 있다.

기존의 상하 관계가 중요시되는 회사의 의사결정은 '우리'의 리더인 과장님, 부장님, 팀장님, 사장님이 하게 된다. 엔지니어가 의견을 낼 수는 있지만, 그것을 받아들이는 것은 '윗사람'의 절대적 권한이다.

그래서 덜 권위적인 윗사람은 아랫사람의 이야기를 경청하고 현명한 결정을 내리기도 하고, 스티브 잡스같이 뛰어난 식견이 있는 이는 혼자 그린 비전을 향해 전 조직을 달려가게 하기도 한다. 이러한 모델은 애플과 전통적인 미국의 기업들, 그리고 삼성을 비롯한 우리나라 대부분의 대기업에서 선택한 구조이다. 이러한 구조를 '위계조직rank-driven organization'이라고 하자.

위계조직의 장점은 윗사람의 결정에 따라 최대한 빠르게 움직일 수 있다는 것이다. 순간의 명령체계가 무너지면 모두 공멸하는 군대처럼, 일사불란한 움직임이 중요할 때 활용되는 구조이다. 단점은 변화에 약하다는 것이다. 한 방향으로 달려가던 차의 방향을 바꿀 때와 같이, 변화의 상황에서는 많은 마찰이 발생한다.

반면 구글, 페이스북, 트위터, 에어비앤비 등 최근에 생긴 실리콘밸리 기업들이 선택한 방법은 '역할조직role-driven organization'이라고 할 수 있다. 위아래가 아닌 각자의 역할에 따라 책임을 지고 의사결정을 하며 업무를 수행하는 것이다.

역할조직에서 CEO는 회사의 비전을 제시하고 전체를 총괄하는 역할을 한다. 엔지니어는 실제 코드를 작성하며 시스템을 설계하고, 엔지니어링 매니저는 엔지니어가 최대한 효율을 발휘할 수 있도록 그들에게 무엇이 필요한지, 무엇을 배워야 하는지, 다른 팀과 문제는 없는지를 끊임없이 물어보고 조율한다. 프로덕트 매니저는 자신이 맡은 프로덕트가 사용자에게 어떻게 비쳐지는지, 프로덕트를 개선하려면 어떤 일을 해야 하는지에 대한 의사결정을 내린다.

역할조직의 장점은 모든 사람에게 의사 결정권이 있기 때문에 민주적이고, 개개인의 능력을 최대한 발휘하게 할 수 있으며 혁신하고 변화하는 데 더 쉽다는 것이다.

△ 에어비앤비의 미션은 'Belong Anywhere', 즉 세계 어디서든 내 집 같은 편안함을 느끼게 하는 것이다. 역할조직의 의사결정에는 회사의 미션과 핵심가치가 중요하다.

미션과 핵심가치가 중요하다

역할조직은 권한과 책임이 분산된 만큼 두 가지의 큰 단점도 있다.

우선 각자의 비전이 맞지 않으면 팀 간, 개인 간의 분쟁이 걷잡을 수 없게 커진다는 점이다. 그래서 이러한 조직에서는 핵심가치나 미션이 매우 중요하다.

예를 들어 에어비앤비의 경우, 자신의 집을 내어주는 호스트가 인종차별을 할 수 있도록 허용할 것인가에 대한 의사결정이 필요할 수 있다. 인종차별은 나쁜 것이지만, 자기 집을 내어주는 호스트가 손님을 선택하는 것이 '호스트의 권리'라고 볼 수도 있다. 목적과 가치관을 명확히 하지 않은 상태에서 이러한 논쟁은 끊임없는 소모적 싸움이 될 수 있다. 그래서 위계조직에서는 윗사람이 의사결정을 하도록 한다.

반면 역할조직에서는 의사결정에 충돌이 생길 경우 회사의 미션을 생각해보면 답이 나온다. 예를 들어 에어비앤비의 미션은 'Belong Anywhere어디서든 내 집처럼 편안하게'인데, 세계 어디를 가서 누구를 만나든 내 집처럼 느끼게 하자는 이 미션에서 인종차별은 큰 걸림돌이 된다. 또한 에어비앤비의 미션은 사유재산 보호가 아니라 공유에 있으므로, 모든 직원들이 윗사람의 관여 없이도 미션에 충실한 결정을 쉽고 명확하게 내릴 수 있다. 그래서 위계조직에서는 분쟁을 중재할 윗사람이 중요하지만, 역할조직에서는 분쟁을 해결하는 방법의 기준점이 될 '미션'과 '핵심가치'가 중요하다.

뛰어난 인재여야만 한다

역할조직의 또 다른 단점은 직원 개개인에게 결정권이 주어지기 때문에 잘못된 결정을 내릴 경우에 회사가 쉽게 무너질 수도 있다는 것이다. 그래서 모든 구성원의 능력이 뛰어나야 한다.

위계조직에서는 질문하고 소통하고 판단하는 것보다는 시키는 일을 잘하고 성실한 것이 곧 능력이 된다. 질문은 최소로 하고 시키는 일을 가장 효율적으로 빠르게 잘 해내는 사람이 일을 잘한다는 소리를 듣는다. 위계조직에서는 데드라인과 할 일이 정확하게 정해져 있으므로, 이미 결정된 일을 하는 데 질문을 하고 적극적 의사소통을 하는 것은 시간낭비가 되어버리기 때문이다.

그래서 성적으로 사람을 뽑는 경우가 많다. 성적이 좋은 이들은 대개 이미 주어진 일을 열심히 해내는 사람들이기 때문이다.

반면 역할조직에서는 모든 구성원이 결정권자로서, 복잡하고 다양한 결정을 내릴 수 있는 종합적인 판단능력과 다른 전문가들의 의견을 수용할 수 있는 소통능력이 필요하다. 항상 질문하고, 의견을 내고, 잘못된 결정을 내릴 리스크를 최소화하면서 의사결정을 하는 사람이 일을 잘한다는 평가를 받는다.

또 역할조직에서는 구체적인 데드라인과 업무 지시가 아니라 '미션'이 주어진다. "우리 회사에 결제 시스템이 필요해요. 전문가로서 당신이 만들어주세요." 정도의 미션이다. 이러한 미션을 가지고 필요한 자원을 모으고 정보를 모아 일을 해나가야 한다.

신입사원도 마찬가지이다. 물론 신입 전문가에게 주어지는 미션은 훨

위계조직과 역할조직의 차이

	위계조직	역할조직
특징	중앙집권적 의사결정	–각 구성원에 분산된 의사결정 –자신의 역할에 대한 의사결정
호칭	위계를 나타냄 (과장, 부장, 사장 등)	역할을 나타냄 (엔지니어, 프로덕트 매니저, 엔지니어링 매니저, CEO, COO, CFO 등)
장점	빠른 의사결정과 수행	변화에 빠르게 대처
단점	–변화와 혁신에 취약 –소수 의사결정권자의 능력에 따라 조직의 퍼포먼스가 좌우됨	–각 조직원의 목표와 가치관이 일치하지 않을 경우 많은 혼란이 생기므로 미션, 핵심가치 등이 중요함 –각 개개인의 의사결정 능력이 중요하기 때문에 채용에 많은 비용 발생
이상적 구성원	내려온 일을 빠르고 효율적으로 수행하는 사람	자신의 역할에 책임을 지고 신중하고 탁월한 의사결정을 하여 자신이 맡은 미션을 수행해나가는 사람

씬 간단하다. "우리 결제 시스템에 들어가는 결제 창의 왼쪽 아래에 넣을 버튼을 만들어야 해요. 당신에게 맡길게요." 그러면 신입 전문가도 일을 이해하고 소통하고 판단하면서 효율적으로 해나가야 한다. 그래서 특정 분야에 뛰어난 능력과 넓은 시야를 가진 전문가를 선호한다.

이것이 실리콘밸리의 회사들이 한 사람을 뽑기 위해 기존 직원을 열 명 가까이 투입하여 업무능력과 기업 문화에 대한 이해도 등을 검증하는 이유이다.

우리의 프로젝트 vs. 내 프로젝트

위계조직에서는 '위'에서 결정한 '우리'의 일을 빠르게 수행하는 것이 중요하다. 그래서 내가 일을 빨리 하면 다른 사람들을 도와 전체가 일을 빠르게 수행할 수 있도록 도와주는 것이 자연스럽다. 또한 팀 전체의 조화가 중요하므로 개인이 최고의 역량을 발휘하기도 쉽지 않고, 개인에게 많은 대가를 지불하지도 않는 경우가 대부분이다. 위계의 경계를 넘는 것은 회사 전체의 업무수행에 위험요소가 되기 때문에 능력 있는 개인에게 인센티브를 부여하는 것이 어려워진다. 이처럼 개인에 대한 인센티브가 적기 때문에 회사 전체에 대한 충성심과 애사심 등이 중요한 동기가 된다.

반면 역할조직은 각 개인이 회사의 미션에 맞는 프로젝트를 선택하여 책임을 맡는다. 성공하면 인센티브가 주어지지만, 실패하면 오롯이 개인의 책임이 된다. 팀을 구성해도 개개인의 책임은 명확하게 정의하여 분배한다. 그러므로 일을 빨리 하게 되면 그만큼 자유시간이 주어진다. 한편 다른 사람의 일을 돕는 것은 그 사람의 책임 영역을 침해하는 것이 되므로 매우 조심스러운 부분이다. 그래서 팀이 느리고 일을 잘 못하는 구성원을 도와주는 경우는 위계조직에 비해 훨씬 적고, 그런 구성원은 자연히 도태된다.

역할조직은 개인의 책임을 다하는 것이 그만큼 중요하기 때문에 큰 비용을 들여서라도 최고의 퍼포먼스를 해내는 직원들을 뽑기 위해 최선을 다하며, 많은 연봉과 주식을 대가로 준다.

정리하자면, 조직을 위해 '우리'의 프로젝트를 위해 일하면, 조직을 위한 충성심을 가지고 남의 일까지 최선을 다해 맡는 사람이 성공하게 된다. 반면 각자가 '나'의 프로젝트를 위해 일하면, 맨 처음 가졌던 질문들에 대한 답이 나온다. 내 일만 끝내면 다른 사람의 프로젝트와 관련 없이 퇴근할 수 있고 상하 관계도 의미가 없어진다. 또한 내가 우선순위를 어디에 두느냐에 따라 밤새 일에 매달릴 수도 있으며, 반면 가족과 시간을 많이 보내는 것을 선택할 수도 있다.

실리콘밸리에서는 여유롭게 일하는 걸까, 밤낮 없이 일하는 걸까?

이 질문에 굳이 답을 하자면, 역할조직에서는 내 프로젝트를 위해 내가 하고 싶은 만큼, 내 맘대로, 책임지고 일한다고 해야 할 것이다.

대기업 애런과 실리콘밸리 브라이언

성실하고 눈치 빠른 인재 vs. 창의적이고 소통하는 인재

'실리콘밸리를 그리다' 팀의 시작

2017년 2월, 평소에 친하게 지내던 선후배들이 오랜만에 와인바에 앉아 실리콘밸리와 우리나라 기업에 대한 대화를 시작했다. 대화는 꼬리에 꼬리를 물었고, 우리가 실리콘밸리에 대한 오해와 환상을 깨는 데 도움이 될 수 있으면 좋겠다는 결론에 다다랐다. 그래서 우리는 '실리콘밸리를 그리다'라는 프로젝트를 시작했다.

엔지니어링 디렉터 에이든Aiden, 스타트업 주식 상장을 위한 금융 컨설턴트 사라Sarah, 경영진 비서 에린Erin, UX 디자이너 칠리Chili, 그리고 엔지니어인 나, 윌Will로 구성된 우리는 다들 5년 이상 실리콘밸리에서 일한 경력을 가지고 있었으므로, 다양한 측면에서 실리콘밸리를 바라볼 수 있었다. 특히 칠리는 아이디어를 그림으로 표현하는 데 많은 관심이 있었고, 그의 그림 때문에 우리 프로젝트의 이름도 '실리콘밸리를 그리다'라고 정해졌다.

다양한 관점에서 토론을 했지만, 우리의 토론에서는 언제나 역할조직의 개념이 중요한 자리를 차지했다. 실리콘밸리가 직원들에게 주식 보상을 통해 커다란 금전적 이익을 안겨줄 수 있는 이유도, 무제한의 자유를 주는 이유도, 직급 호칭이 없는 이유도, 경영진과 동료같이 회사생활을 할 수 있는 이유도 역할조직의 틀 안에서 설명할 수 있었기 때문이다. '실리콘밸리를 그리다' 팀은 나 개인의 생각에 불과했던 역할조직이라는 개념을 뒷받침해줄 수 있는 많은 실례를 만들어주었다.

우리는 2주에 한 번씩 만나 토론에 토론을 거쳐 글과 그림을 한 편 한 편 만들어갔다. 2주에 한 번씩 일요일에 모인다는 것은 가족 중심의 실리콘밸리 문화에서 쉬운 일이 아니었다. 아이들에게 많은 양해를 구해야 했다. 토론을 나름 재미있는 가족행사로 만들기 위해 각자의 회사 사무실을 돌면서 회의를 했고, 이렇게 토론하는 엄마 아빠의 모습은 아이들에게도 나름 의미 있는 것이 되지 않았을까 생각한다.

그렇게 해서 '실리콘밸리를 그리다' 팀의 글은 웹사이트 '브런치'에 그림과 함께 매주 실렸다. 그중 우리의 대표 글이 되었던 〈대기업의 애런Aaron과 실리콘밸리의 브라이언Bryan〉은 우리나라 대기업의 인재상과 실리콘밸리 인재상의 차이를 보여주고 있다.

성실하고 눈치 빠른 인재, 애런

애런은 대기업에 적합한 최고의 개발자이다. 명문 대학의 컴퓨터공학과를 우수한 성적으로 졸업하고, 토익 성적이 980점에 달하며, 대기업 입사시험을 수석으로 통과했다. 그는 다양한 애플리케이션을 구현했으며 인공지능AI 영역에도 많은 경험이 있었다. 보고서나 기획서를 쓰는 능력과 업무처리 능력이 뛰어나고 다른 직원들과의 관계까지 좋아서, 입사 후에도 고속승진이 예정된 직원이었다. 팀장은 그를 신뢰했고 다른 직원들도 그를 모범적인 직원이라고 생각했다.

어느 날 팀장이 애런을 불러 인공지능을 이용하여 시나리오별 영업실적을 예측하는 프로그램을 만들라고 지시하며 기획서를 건넸다. 200장에 달하는 기획서에는 정확한 표준화 프로세스가 구현되어 있었다. 필요한 기능 목록이 명확하게 나와 있고, 어떠한 사용자 경험으로 어떻게 구현해야 하는지 등이 자세하게 쓰여 있었다.

팀장은 두 달을 주겠다고 말했다. 애런은 자신 있게 말했다.

"5주 안에 할 수 있을 것 같습니다."

팀장은 기특하다는 눈빛을 보내며 무리하지 말고 천천히 하라고 말했다. 애런은 기획서에 적힌 대로 자바에 텐서플로를 돌려 인공지능 프로그램을 만들었다. 물론 5주 만에 해내기는 쉽지 않았지만 야근도 불사하며 일했고, 그가 만든 프로그램은 소소한 버그를 제외하면 기획서에 적힌 기능들을 완벽하게 구현해냈다.

애런은 뿌듯해하면서 팀장에게 프로그램을 보여주었다. 팀장은 벌써부터 사장에게 이 프로그램을 보여줄 생각에 들뜨며 '이 친구를 만난 것은 정말 행운'이라고 생각했다.

창의적이고 소통하는 인재, 브라이언

브라이언은 실리콘밸리 소프트웨어 회사에 적합한 최고의 인재이다. 학부 때 언론학을 전공하면서 부전공으로 컴퓨터공학을 공부했다. 석사 때는 인공지능을 집중적으로 공부하며 컴퓨터공학을 전공했다. 그의 연구는 업계와 학계에 소문이 날 정도로 유명했고, 링크드인LinkedIn을 통해 여러 회사 리쿠르터들이 연락해왔다. 석사를 끝낸 그는 실리콘밸리 회사에 면접을 보기로 했다.

면접 결과 그는 구글에서는 면접관 여섯 명 전원에게, 페이스북에서는 면접관 네 명 전원에게 합격통보를 받았고, 에어비앤비와 우버에도 합격했다. 각 회사가 2억 원 정도의 연봉과 4년간 4억 원 정도에 해당하는 주식을 약속했다.

4년 뒤를 생각하면 주식 시세 그래프가 안정적인 구글이나 페이스북보다는, 상장을 앞두고 있어 주식가치가 높아질 것으로 예상되는 에어비앤비와 우버가 훨씬 매력적으로 보였다. 구글 주식은 잘해야 서너 배 뛰는 수준이겠지만, 에어비앤비 주식은 상장되면 열 배, 또는 스무 배가 될 수도 있었다. 물론 상장을 못 할 수도 있고, 하루아침에 망해버릴 수도 있는 비상장 스타트업에 들어가는 것은 위험부담이 있지만, 에어비앤비나 우버라면 괜찮을 것 같았다. 그는 최종적으로 에어비앤비를 선택했다.

브라이언은 에어비앤비 인공지능 팀에 입사하자마자 매니저와 1:1 면담을 했다. 매니저는 그 자리에서 인공지능을 이용하여 시나리오별 수익을 예측하는 프로젝트가 있는데 혹시 관심이 있느냐고 물었다. 그는 자신의 전공영역과도 일치했기에 흔쾌히 하겠다고 말했다.

다음 날 브라이언은 프로덕트 매니저를 만나 요구사항requirements을 들었다. 그 매니저에게는 요구사항도, 좋은 아이디어도 많았다. 브라이언은 그의 요구사항을 토대로 두 장짜리 디자인 도큐먼트를 만들었다. 줄여서 '디자인 독'이라고 하는 이 문서에 왜 이 프로젝트가 필요한지를 간단히 쓰고, 매니저가 이야기했던 요구사항과 그것을 기술적으로 어떻게 구현할지를 썼다. 여러 머신러닝 기법들을 비교하며 장단점을 기술했고 최종적으로 딥러닝을 선택했다. 그리고 구글 독스의 공유 기능을 이용하여 팀원들에게 문서를 보냈다.

팀원들은 브라이언의 디자인 독에 다양한 코멘트를 남겼다. 어떤 엔지니어는 딥러닝이면 다 된다고 믿는 요즘의 머신러닝계를 비판하며, 간단한 다른 방법으로도 구현할 수 있다고 주장했다. 매니저는 디자인 독을 한 줄 한 줄 뜯어보면서 오타를 고쳐주고, 지난 프로젝트와의 연속성과 에어비앤비가 지원하는 머신러닝 기술들을 일일이 나열해주었다.

이후 프로덕트 매니저는 디자이너들과 만나 디자인을 완성했고, 브라이언에게 보내 검토를 요청했다. 브라이언은 기술적으로 구현하기 어려운 것들을 지적했고, 그의 의견 중 반 정도는 디자이너들이 반영하고, 나머지 반은 자기가 양보하기로 했다.

다양한 논의 끝에 디자인 독이 승인되었다. 결과적으로 모든 사람이 텐서플로를 이용한 방식이 좋다고 동의해주었다. 브라이언은 다른 여러 알고리즘을 비교해봤지만 그것이 제일 낫다고 판단했다. 그 뒤 집에서 일하기도 하고 야근도 하면서 팀원들과 함께 일을 마쳤다. 매니저에게 프로젝트 이야기를 들은 지 2개월 정도가 지난 시점이었다. 매니저와 팀원들은 프로젝트 론칭을 축하하며 회사에서 케이크를 자르고 샴페인을 마셨다.

한국 대기업의 애런, 실리콘밸리로 가다

한편 한국의 대기업에서 승승장구하던 애런이 에어비앤비 리쿠르터의 눈에 띄었다. 애런은 뛰어난 개발능력과 경험을 인정받아 쉽게 면접을 통과했다. 에어비앤비 조직문화와의 궁합을 확인하는 '문화 적합성' 면접에서 조금 고전했지만 최종 합격했다.

입사 후 매니저는 애런에게 몇 가지 프로젝트를 이야기하며 어떤 프로젝트에 관심이 있느냐고 물었다. 애런은 이전 회사에서 경험한 적 있는, 인공지능을 이용한 수익 예측 프로젝트를 선택했다. 그가 보기에 에어비앤비는 매우 여유로웠다. 일을 주지도 않고 출퇴근 시간도 제한이 없었다. 그는 이틀 정도를 멍하니 보내다 매니저와 이야기를 나누었다.

"프로젝트 언제 시작해?"

그러자 매니저는 조금 당황하면서 대답했다.

"네가 준비되면 언제든지."

"오늘부터라도 당장 시작할 수 있어."

매니저는 "오, 좋아. 당장 시작하자!"라고 했다.

그런데 며칠이 지나도록 매니저가 일을 주지 않았다. 답답한 마음에 찾아갔더니 프로덕트 매니저와의 미팅을 주선해주었다. 그런데 프로덕트 매니저는 기획서를 주지는 않고, 이러이러한 것을 생각하고 있다며 요구사항들과 두루뭉술한 아이디어들을 말해주었다.

애런이 프로젝트와 관련하여 더 자세한 내용은 없느냐고 물어보자, 아직 정확한 모델이나 사양은 없고 같이 아이디어를 내서 만들어보자고 했다. 애런은 워낙 익숙한 프로젝트인지라 그 정도만으로도 일을 시작할 수는 있었지만, 기획서도 제대로 쓰지 않는 이 회사는 정말 문제가 있다고 생각했다.

그 후 애런은 이전 회사에서 쓰던 기술과 경험을 총동원하여 몇 주 만에 멋진 인공지능 프로젝트를 완성했다. 프로덕트 매니저, 동료 엔지니어, 매니저 모두 깜짝 놀라는 분위기였다.

그런데 애런이 의기양양하게 자신이 완성한 프로젝트를 설명하자 비판이 쏟아졌다. 프로덕트 매니저는 자신이 생각했던 기능이 빠졌다고 했는데, 애런은 그가 기획서도 쓰지 않았으면서 말이 많다는 생각이 들었다. 다른 엔지니어들은 왜 텐서플로를 썼느냐, 그게 가장 좋은 기술이냐 등의 지적을 했는데, 애런은 자신의 경험에 비추어 최적의 기술이고 이미 많은 프로젝트를 통하여 검증되었다고 설명했다. 그래도 엔지니어들은 계속 딴지를 걸었다.

애런은 그들을 보며 능력도 없고, 회사도 일주일에 한두 번은 나오지 않으며, 일도 느리게 하는 사람들이 말만 많다고 생각했고 새삼 자신이 엔지니어로서 얼마나 뛰어난지, 얼마나 아는 것이 많은지 깨달았다. 한편으로는 이 회사가 이렇게 모든 것을 토의로 결정하면서 느리게 일하는 것을 보니 미래가 없을 것이라는 생각이 들었다. 어느 세월에 모든 기술을 하나하나 비교해가면서 민주적으로 의사결정을 하겠다는 것인지 이해가 되지 않았다. 더욱이 엔지니어들은 보통 두 시간에 걸쳐 점심을 먹고, 집에서 일하겠다며 회사도 잘 나오지 않았는데, 그런데도 승진을 하는 것이었다. 그런 사람이 많은데도 회사가 잘 굴러가는 게 이해가 가지 않을 정도였다.

그러던 어느 날, 이 회사에서 잘나간다는 브라이언을 만났다. 브라이언은 애런에게 반갑게 인사를 하고는 프로젝트를 진행하며 텐서플로와 딥러닝을 쓴 이유를 물었다. 애런은 텐서플로가 제일 잘나가고 딥러닝이 대세인 것은 웬만한 엔지니어들은 다 안다고, 또 이전 회사에서 기획자들이 다양한 기술을 검증했는데 텐서플로가 가장 좋다는 결론을 내렸다고 답했다.

그러자 브라이언은 이상하다는 표정을 짓더니, "그것이 이 프로젝트에도 적용된다고 생각하느냐"라고 물었다. 애런은 속으로 '당연하지. 똑같은 프로젝트인걸!'이라고 생각하며 참 별 걸 다 딴지를 건다고 생각했다.

실리콘밸리의 브라이언, 한국 대기업에 오다

브라이언은 에어비앤비에서 4년을 보내고, 이제 새로운 도전을 하기로 마음먹었다. 마침 애런이 근무했던 한국의 대기업에서 높은 연봉을 제시하자 이직했고, 입사하자마자 개발팀 팀장을 만났다.

팀장은 브라이언에게 기대가 크다면서, 기획자와 만나서 인공지능을 이용한 수익 예측 프로젝트를 논의해보라고 했다. 브라이언은 기획자에게 다양한 머신러닝 기술들을 이야기하면서 최신 기술들도 여럿 소개했다. 기획자는 회사 표준화 프로세스에서 검증되지 않은 툴은 사용할 수 없다면서 자바와 텐서플로를 이용해야 한다고 했다.

몇 주 뒤 200장짜리 기획서가 나왔다. 브라이언은 기획서를 보면서 혼란스러웠다. 이미 지나간 기술을 쓰고 있고, 설계도 마음에 들지 않았기에 팀장에게 기획서의 문제점을 조목조목 이야기했다. 그러자 팀장은 불편한 표정으로 기획자와 이야기해보라고 했다.

기획자는 지난 주말 밤새워 완성한 기획서를 비판하는 브라이언이 매우 부담스러웠다. 그래도 실력을 인정받은 전문가의 말이니 맞긴 할 테지 싶었지만, 잘못 걸렸다는 생각만 들었다. 기획자는 자신의 자리로 돌아와 한숨을 쉬었다. 스트레스가 이만저만이 아니었다. 브라이언처럼 자기만 잘났다고 생각하는 사람들은 사회생활에 문제만 일으킨다는 사실을 다시 한번 확인한 것 같았다.

다음 날 브라이언은 다른 기술들과 비교해가며 기획자가 쓴 기획서에서 보완해야 할 점을 문서로 작성해 팀원들에게 이메일을 보냈다. 회사가 보안상의 이유로 구글독스 공유를 차단시켜놓았기에, 불편하지만 각자에게 이메일로 보낼 수밖에 없었다. 그런데 퇴근 시간이 다 되도록 자신이 보낸 이메일에 코멘트를 하는 사람이 아무도 없었다. 그는 '나를 무시하나? 텃세를 부리는 건가?' 하는 생각이 들었다. 반면 개발자들 사이에서는 새로 온 개발자가 기획자를 무시하고 새로 기획서를 써서 돌린 일에 대한 이야기가 돌았다.

그다음 날, 팀장이 브라이언을 불러 어제 무슨 의도로 이메일을 보냈느냐고 물었다. 브라이언이 '그것은 디자인 독'이라고 하자, 팀장은 이미 유관 부서와 사장에게 보고가 들어가서 결재가 난 기획서이기 때문에 바꿀 수 없다고 했다.

브라이언은 자신이 어떻게 해야 하는지 혼란스러웠다. 그러나 자신이 해야 할 일이 '회사의 프로세스에 따라 위에서 내려온 일을 하는 것'이라는 사실을 깨닫기까지는 다행히 그리 오랜 시간이 걸리지 않았다.

애런과 브라이언은 왜 골칫거리가 되었을까?

한국 대기업에서 능력을 인정받았던 애런은 실리콘밸리 조직에서는 시키는 일만 열심히 하고, 소통하거나 질문을 하지 않는 사람, 그리고 창의적으로 최선의 방법을 찾기보다는 자신이 잘 아는 영역에 안주하는 사람으로 평가받았다. 반면 실리콘밸리에서 창의적인 인재로 여겨졌던 브라이언은 한국 대기업 조직에서는 잘난 척하고 독선적이며, 다른 사람을 무시하고 조직문화를 해치는 사람으로 평가를 받았다.

애런과 브라이언, 둘 다 어떤 조직문화에서는 최고로 인정받는 사람이 다른 조직문화에서는 최악의 인재가 되어버린 것이다. 주어진 일을 빠르게 수행하는 데 최적화된 위계조직과, 창의성을 바탕으로 미션과 문제를 해결해나가는 역할조직은 이렇게 인재상에서도 극명히 차이가 나타난다.

제조업을 기반으로 한 한국의 대기업에서 무작정 창의적인 인재를 고용하면 브라이언 같은 실패 사례를 반복하게 될 뿐이다. 맨 위에 집중되어 있는 결정권을 아래로 분배하는 근본적인 변화를 통해 조직 자체의 성격을 바꾸어야만 인재상도 자연스럽게 변하게 된다.

구글 이후 만들어진 페이스북, 트위터, 넷플릭스 등이 지향하는 실리콘밸리의 조직은 각자가 결정권을 갖고 각자의 역할에서 전문성을 발휘하여 목표를 이루어나간다. 나는 이를 '역할조직'이라고 이름 붙였다. 반면 지도자가 모든 결정권을 갖고 아랫사람들이 시키는 일을 일사불란하게 해내는 조직을 '위계조직'이라고 명명했다.

전문성을 갖고 결정을 잘 내리는 사람과, 시키는 일을 잘하는 사람은 정말 많이 다르다. 각 경우에 회사가 원하는 최고의 인재는 어떤 사람일까?

한국 대기업과 실리콘밸리, 인재상이 어떻게 다를까?

한국 대기업과 실리콘밸리. 무한경쟁 속에서 속도가 중요한 위계조직과 새로운 분야를 만들어가며 혁신을 거듭하는 역할조직은 목표도, 작동 방식도, 필요로 하는 인재상도 다르다. 이러한 차이는 개인의 태도 변화로 달라질 수 있는 것이 아니다. 생존을 목표로 하는 기업과 혁신을 목표로 하는 기업에게 필요한 인재는 다를 수밖에 없고, 각 회사의 방향에 맞는 인재를 모으는 것이 중요하다.

우리나라 대기업들은 공장 제조업 기업에서 시작해서 금융회사나 소프트웨어 기업으로 성장하는 등 많은 변화를 거쳐왔기에, 기업의 DNA도 여러 특성이 섞여 있다고 할 수 있다. 1970년대의 공장에서 단순작업을 주로 하던 직원과, 2010년대의 소프트웨어 기업에서 일하는 높은 교육수준의 직원은 기업의 입장에서도 고용형태와 요구수준 등이 다를 수밖에 없다.

스트라이커, 미드필더, 골키퍼는 같은 잣대로 평가할 수 없다
– 단순노동 vs. 전문지식노동

기업이 노동자에게 제공하는 가장 기초적인 보상법은 노동시간에 따른 보상이다. 전문적 직업능력이 크게 필요하지 않았던 공장 노동에서는 노동시간에 따른 보상을 했다.

시급 단순 노동인력의 경우 노동시간에 따른 생산성은 투입시간에 정비례하여 늘어난다. 어느 공장에서 한 명이 한 시간에 10개의 인형을 만든다면, 열 명이 한 시간을 일하면 인형 100개, 열 시간을 일하면 1,000개를 만들 수 있다.

단순 노동인력의 경우 휴식과 점심식사, 휴가 등 직접적인 노동시간 이외의 시간은 생산성에 직접적인 영향을 주지 않는다고 보기도 한다. 그래서 어떻게 보면 직원 입장에서는 일을 최소로 하고 많은 시간을 낭비하는 것이 더 합리적인 선택이다. 따라서 철저한 관리와 감독이 뒤따른다.

한편 지식노동은 단순노동과 달리 능력에 따라 같은 시간을 일해도 각각 성과가 다르다. 그래서 성과에 따라 보상을 하게 되는데, 이 경우 근무시간을 최소로 하면서 큰 성과를 내는 것이 중요하다. 그런데 성과에 따른 보상은 시급제가 갖는 비효율이 많은 부분 해소되지만, 공정한 평가기준을 잡기가 어렵다. 특히 연공서열이 있는 경우 성과를 과하게 보상하면 위계가 무너질 수 있기 때문에, 평가기준을 획일화하고 직급 간에 넘나들 수 있는 범위를 최소화하는 것이 중요해지게 된다. 우리나라의 많은 기업들이 이러한 보상구조를 가지고 있다.

그렇지만 대학교육 이상을 받은 전문인력을 이처럼 표준화된 성과로 평가하면 많은 낭비가 일어난다. 이것은 마치 축구팀에서 스트라이커, 미드필더, 수비수, 골키퍼를 하나의 잣대로 평가하는 것과 같다.

고학력 직원들은 각자 전문영역이 다르고, 할 수 있는 능력도 다르므로 각자의 특별한 능력을 조화롭게 활용해야 하는데, 옛 기업의 DNA가 강한 우리나라의 대기업에서는 이것이 잘 이루어지지 않았다. 그렇다면 역할조직으로 이루어진 기업들은 이 문제를 어떻게 해결해왔을까?

프로 축구팀에서 인재활용법을 배우다

실리콘밸리의 역할조직은 각 역할을 맡은 전문가들이 결정권을 가지는 조직으로서 이러한 문제를 전혀 다른 방식으로 해결했다. 즉 직원들에게 제대로 된 몸값을 주는 것과 동시에, 이들이 회사에서 받는 보상이 아니라 자신의 커리어를 위해서 일하도록 하는 것이다.

뛰어난 프로 축구선수들은 연봉을 더 받기 위해, 구단에서 퇴출되지 않기 위해 축구를 하는 것이 아니다. 그들은 최고의 축구선수가 되기 위해 열심히 훈련하고, 지금의 구단을 떠나 더 큰 구단으로 가기 위해서 더 열심히 플레이를 한다. 팀 내의 최고 에이스가 되면 단순히 다른 선수보다 연봉을 좀 더 받는 것이 아니라, 시장가격에 따라 몸값이 천정부지로 치솟는다.

뛰어난 프로 축구선수가 구단을 위해 뛴다는 것은 무슨 일이 있어도 떠나지 않겠다는 것이 아니다. 몸값을 높이려면 팀 성적이 좋아야 되고, 그래서 팀 플레이에 헌신한다는 뜻이다. 팀의 최고 에이스가 내년에 어느 팀에 있을지는 아무도 알 수 없다.

프로 선수들의 모습을 보면서 착안한 실리콘밸리식 인재 활용은 넷플릭스의 기업문화를 다룬 패티 맥코드의 『파워풀-넷플릭스 성장의 비결』에 잘 설명되어 있다. 또한 에릭 슈미트, 조너선 로젠버그, 앨런 이글이 구글의 문화를 다룬 『구글은 어떻게 일하는가』에서는 '창의적이고 똑똑한 인재들smart creatives'이라는 개념으로 정립되어 거의 모든 실리콘밸리 기업들이 인재들을 바라보는 기본 시각이 되었다.

단순 노동자는 자신만의 커리어를 기대하기 힘들다. 누구나 할 수 있는 일을 하는 사람들의 경우 시장가치가 올라갈 확률이 적다. 그래서 그들에게는 현재 직장의 월급과 복지가 중요하다. '일을 얼마나 적게 하고, 돈을 얼마나 많이 받을 수 있는지'를 중요시한다. 하지만 마케터, 엔지니어, 프로덕트 매니저, 디자이너, 펀드 매니저 등 각 분야의 전문가들은 경험을 쌓으면서 커리어를 만들 수 있다. 그들에게 가장 중요한 보상은 커리어를 통해 최종 몸값을 올리는 것이다.

커리어 시장이 필요한 대한민국

전문적 커리어에 따라 몸값을 매기려면 자유롭고 공정한 고용시장이 존재해야 한다. 그런데 제조업에 뿌리를 둔 우리나라에서는 전문적인 일을 하는 사람들도 과거의 방식에 따라 '일반 사무직'이라는 이름으로 공채로 선발하여 획일적인 일을 하도록 했다. 한마디로 전문적인 커리어를 쌓는 것에 대한 인식이 부족했던 것이다. 그래서 모든 회사의 인재를 전문가로 보고, 포지션별로 따로따로 채용하는 일이 드물었다. 그러다 보니 전문직 인재들을 위한 고용시장도 거의 형성되지 않았던 것이다.

하지만 우리나라의 산업이 고도화되면서 더 이상 다른 나라의 제조업 기업들만이 경쟁상대이던 시대는 지났다. 제조업이라면 하이테크 제조업 정도만이 경쟁상대이고, 그 외에는 금융, 소프트웨어, 서비스 등이 우리의 주산업이 되었다. 이는 세분화된 분야의 전문가들이 모여서 함께 일해야 하는 분야이다.

그러나 한국의 대기업이 인재를 바라보고 다루는 방식은 아직 공장 노동자를 뽑는 방식에서 크게 변화하지 못했다. 기업과 인재 모두 아직은 그저 연봉과 복지에 시선을 맞추고 있다. 하지만 이제 우리에게는 책임지고 결정권을 갖는 전문적인 인재, 그들을 제대로 활용하고 대우하는 기업이 필요하다. 즉 인재와 기업 모두 연봉이 아닌 커리어에 시선을 맞추어야 할 때이다.

위계조직과
역할조직의 탄생

혁신에 이상적이라고 할 수 있는 역할조직은 어떻게 탄생했을까? 누군가가 탁월한 식견으로 역할조직을 설계하고 직원들에게 적용한 것일까? 그렇지 않다. 역할조직은 전문가를 활용하는 과정에서 자연스럽게 탄생했다.

위계질서가 중요한 제조업 기업이든, 전문적 역할 중심의 실리콘밸리 기업이든, 사업 초창기에는 모든 직원이 존중받고 비슷하게 수익을 분배받는다. 다섯 명 내외의 창업자들은 모두 회사의 주인이고, 회사가 성공하면 큰 수익을 올리며 서로 존중하고 많은 것을 배려한다. 그런데 창업 다음 단계부터 제조업 기업과 하이테크 기업의 문화는 상당히 달라진다.

전통적인 제조업 기업에서는 교육수준이 높지 않은 대량의 노동력이 필요하다. 전문가가 아니라 단순한 일을 반복하고, 시키는 일을 잘할 사람이 필요하다. 특히 수많은 경쟁사들과의 경쟁에서 살아남기 위해 최소한의 임금으로 최대한의 노동력을 이용하려 한다.

창업자들은 수백, 수천, 수만 명이나 되는 노동자들과 굳이 이야기를 많이 하지 않아도 된다. 많은 이야기를 하는 것은 오히려 귀한 시간을 낭비하는 꼴이 된다. 그래서 오직 '착한' 임원들만 직원들의 이야기에 귀를 기울이는데, 그렇다고 해서 회사의 중요한 의사결정이 바뀌거나 하는 일은 별로 없다.

반면 실리콘밸리의 소프트웨어 기업은 그 반대이다. 창업자가 아무리 뛰어나도, 각 영역에서 석사 이상의 전문가들이 필요한 사업이 대부분이다. 그래서 스타트업의 창업자는 자신의 프로덕트에 맞추어 자신보다 뛰어난 전문가들을 모셔 온다.

실리콘밸리 기업들이 지원자들을 면접하는 직원에게 항상 하는 말이 바로 "당신보다 뛰어난 사람만 합격시켜주세요!"이다. 나 다음에 들어올 사람은 나보다 더 뛰어난 사람이어야 한다. 나보다 실력이 부족한 사람은 신규 입사할 수가 없다.

위계조직에서는 나보다 뛰어난 사람을 뽑으면 일을 시키기가 어려워지지만, 역할조직에서는 나보다 못한 사람을 뽑으면 그의 역할까지 동료들이 대신해주어야 하기에 함께 일하는 사람들에게 직접적으로 피해가 돌아오게 되는 것이다.

프로 축구팀에서 수비수인 내가 동료 수비수를 뽑는다고 생각해보자. 나보다 뛰어난 수비수를 뽑으면 훨씬 더 수월해지지만, 나보다 못한 수비수를 뽑으면 나도 힘들어지고 팀도 힘들어질 것이다. 하지만 팀에 뛰어난 수비수가 너무 많아져서 내가 선발에서 제외된다면 그때는 다른 팀을 찾아야 한다. 이것이 역할조직에서 이직이 잦은 이유 중 하나이기도 하다.

나보다 더 뛰어난 신입들이 들어오는 환경에서는 그들을 무시하거나 이래라저래라 하는 것이 쉽지 않다. 모두가 뛰어난 전문가들이기에 최고의 수준으로 대우하고, 그들의 전문성을 최대한 활용해야 하므로 일을 시키는 것이 아니라 프로젝트를 맡아달라고 부탁한다. 이런 상황에서는 위에서 결정을 하는 것이 아니라, 신입직원이라 해도 각 전문가가 결정을 내리는 것이 더 자연스러워진다. 그리고 이런 환경에서 높은 연봉, 자유로운 출퇴근 시간, 집에서 일해도 되는 근무환경, 전 세계를 돌아다니면서 원격근무를 하는 디지털 노마드digital nomad도 자연스럽게 가능해진다.

정보 공유를 최소화하는 위계조직

위계조직에서는 정보를 제한한다. 따라서 신입사원이 아는 정보는 가장 적을 수밖에 없다. 윗사람은 자신이 아는 정보를 필요한 만큼 알기 쉽게 전달해서 신입직원이 스스로 결정을 내리기 쉽도록 돕는 것이 아니라, 정보를 제한하며 이를 통해 상대 우위의 지위를 유지한다. 아무리 똑똑한 사람이 들어와도 정보를 공유해주지 않으면 역량을 제대로 발휘할 수 없다.

어느 회사에서 경영자가 오라클 사와 데이터베이스 독점 계약을 체결했는데, 직원들에게는 그런 정보를 알려주지 않았다고 가정해보자.

뛰어난 엔지니어가 입사하여 마이에스큐엘MySQL 데이터베이스를 활용하여 훌륭한 프로젝트를 수행했어도, 경영자 입장에서는 오라클 데이터베이스를 사용하지 않았기에 훌륭한 프로젝트가 아니라 큰 실수가 되어버린다. 그러면 이제 그 뛰어난 엔지니어는 다음부터는 위에서 이야기해준 대로만, 사내에 표준화된 방식으로만 일하게 된다. 전문성의 많은 부분이 낭비되고 마는 것이다. 결국 정보를 개방하고 전방위적으로 소통하지 않으면, 아무리 뛰어난 사람을 뽑아도 그저 그런 결과물이 나올 수밖에 없다.

역할조직은 정보를 어떻게 공유하는가?

냉장고, 반도체, TV 등을 만드는 제조업에서는 정보 공유가 그다지 중요하지 않다. 설계자들이 따로 있고, 실제로 만드는 사람들은 설계대로 그대로 실행만 하면 되기 때문이다. 설계도는 매우 세밀하게 모든 부품의 위치를 정확하게 알려준다.

그런데 소프트웨어는 그러한 방식으로 만들면 좋은 결과가 나올 수 없다. 소프트웨어 최적화는 기획자가 미처 다 알 수 없는 부분이다. 기획자가 아무리 설계를 잘한다고 해도, 뛰어난 소프트웨어 엔지니어가 보면 다양한 알고리즘과 데이터 구조를 활용하여 더 빠르고 더 좋은 사용자 경험을 제공하는 최적화를 할 수가 있다.

소프트웨어 엔지니어와 UX 디자이너, 프로덕트 매니저들이 다양한 전문적 입장을 가지고 최적화를 하다 보면 제품은 끊임없이 변화하고 애초의 설계는 무시되기 일쑤이다. 그러면 기획자들의 노고는 금방 허사가 되어버린다.

그렇다 보니 실리콘밸리 기업에는 기획자라는 직업이 아예 없다. 엔지니어 문화에서 출발한 실리콘밸리의 프로덕트 제작에서는 처음의 설계를 구현하지 않는다. 끊임없이 발전하는, 어디로 튈지 모르는 프로덕트를 가정하고 시작하는 것이다.

그래서 위에서 설계를 하고 아래에서 그것을 구현하는 기존의 모델로는 실리콘밸리식 소프트웨어의 발전을 도저히 따라갈 수 없다. 게다가 아웃소싱을 통해 소프트웨어 개발을 한다면 더욱 어려워진다. 아웃소싱 구조에서는 설계를 바꾸는 것이 쉽지 않기 때문이다.

왜 역할조직이 빠른 변화의 사이클에 적절한가?

무한경쟁 속에서 소프트웨어를 만드는 회사라면, 즉 안드로이드 앱처럼 시장에서 경쟁이 치열한 앱을 만드는 회사라면, '기획자의 설계→개발자의 구현→피드백을 통한 개선의 사이클'을 빠르게 돌리는 방법도 있겠지만, 그렇게 하면 제품이 끊임없이 발전하기보다는 단계별로 성장하게 된다. 설계와 구현을 다른 사람이 각자 하는 것은 마치 사냥터에서 한 사람은 사냥감을 눈으로 보고 쏠 시점을 결정하고, 한 사람은 시키는 때에 총을 쏘기만 하는 것과 같다. 그렇게 하면 효율적인 사냥이 될 리가 없다.

반면 기획자의 설계가 아니라 엔지니어, 디자이너, 프로덕트 매니저가 끊임없이 상호작용하면서 발전시켜나가는 애자일 방법론은 소프트웨어의 빠른 발전 사이클을 제공하여 경쟁에서 우위를 점할 수 있게 한다.

특정한 미션에 따라 새로운 영역을 개척하는 회사라면, 즉 혁신을 이루어가는 회사라면, 애자일 방법론에 더해 정보를 최대한으로 소통해야 한다. 직원들이 전문가로서 매일 작은 결정들을 스스로 내리고, 다른 팀원들과 꾸준히 소통하는 조직의 결과물이 혁신을 가져올 수 있기 때문이다.

혁신은 모든 사람들이 어떻게 하면 자기 전문분야에서 매일 최고의 프로덕트를 만들지 고민하는 경우에만 최대화될 수 있다. 높은 위치에 있는 한두 사람이 모든 결정권을 가진 경우에는 잠재력을 최대한 활용할 수 없고, 전문가들이 이루는 혁신을 충분히 얻어낼 수 없다.

실리콘밸리의 기업문화가 모든 회사에 최대한의 효율과 직원의 행복을 보장하는 체제라고 할 수는 없다. 우리나라의 기업문화가 제조업에 최적화되어 있는 것처럼, 실리콘밸리의 기업문화는 혁신을 이루어내는 소프트웨어 산업에 최적화되어 있다. 그 과정에서 직원들이 많은 연봉과 워크-라이프 밸런스work-life balance, 일과 생활의 균형를 갖게 된 것은, 세상을 바꾸어가면서도 이윤을 극대화하기 위해 노력하는 실리콘밸리 체제의 좋은 경제효과라고 할 수 있을 것이다.

회사에 다니는 직원이 행복할 수 있을까?

회사에서 열심히 코딩을 하던 어느 날, 나는 참 행복하다는 생각이 들었다. 회사와 행복을 연결시켜본 적이 없는 내게는 좀 낯선 경험이었다.

동료들에게 회사에 있는 것이 행복하다고 하니 자신들도 그렇다고 했다. 한 직원은 회사에 있는 것이 힐링이 되는 느낌이라고까지 했다. 이러한 생각을 페이스북에 올려보았다.

댓글들을 보니, 회사에 다니는 것이 행복한 일이라는 것은 제정신에서는 나올 수 없는 생각이라는 의견이 주를 이루었다. 그렇지, 우리나라에서는 회사에서 불행한 것이 당연한 일이었다.

내가 회사에서 행복하다고 하니 주변에서는 일이 부족하냐고, 일을 더 해야 하는 거 아니냐고 물어보았다. 행복은 집에서나, 아니면 휴양지에서나 찾는 것이었다. 그래서 많은 직장인들이 휴가 때 멋진 해외여행을 떠나는 것을 꿈꾼다. 1년에 5일 정도 행복이 주어지는 시간인 것이다.

그런데 에어비앤비에서 일하는 동안 나는 오히려 휴가지에서 회사로 빨리 돌아가고 싶었다. 밥도 주고 쾌적하고 편안하고 보람도 느껴지는 그곳이, 매일 건강에 좋지 않은 밥을 사 먹어야 하고 관광지에서 사람에 치이는 것보다 더 좋게 느껴졌다. 그리고 '실리콘밸리를 그리다' 팀과 직장에서의 행복에 대해 긴 시간 동안 토론한 끝에, 회사에서 불행한 것은 이상한 일이라는 것을 깨달았다.

행복의 피라미드

인생의 목표이자 목적은 행복하게 사는 것이다. 돈을 많이 모으는 것도, 사랑하는 것도, 아기를 낳아 기르는 것도, 사회에 기여하는 것도, 권력을 잡는 것도 모두 행복하게 살기 위한 것이다.

'행복'이란 순간적으로 느끼는 기분일 수도 있지만, 인간은 불행하게 살 수 없도록 프로그래밍되어 있다. 불행하게 사는 것은 그야말로 너무나 불행하다. 사람은 행복하지 않고 불행하다고 느끼면 고통스러워하다 끝내는 스스로 목숨을 끊기도 한다.

매슬로우의 욕구 단계

일반적으로 실리콘밸리 회사의 직원들은 일도 잘하면서 근무시간도 짧고, 연봉도 매우 높으며 행복한 것으로 알려져 있다. 모든 실리콘밸리 사람들이 다 행복한 것은 아니겠지만, 적어도 나는 행복한 사람들 중 하나이다. 그런데 왜 실리콘밸리의 직원들이 행복하게 느끼는지를 잘 살펴보면, 회사에서 행복한 것이 이상한 것이 아니라 오히려 회사에서 불행한 것이 이상한 일이라는 생각이 든다.

매슬로우의 욕구 단계설은 어떤 욕구가 충족되어야 사람이 행복하게 살 수 있는지를 보여준다.

회사에 있는 시간이 행복한 것은 그리 어렵지 않으며. 오히려 당연하다.

다음의 욕구가 충족되면 된다.

1. 생리욕구: 잘 먹고, 잘 쉰다.
2. 안전욕구: 협박당하거나 괴롭힘을 당하지 않는다.
3. 애정소속욕구: 팀원들과 원만한 관계를 갖는다.
4. 존경욕구: 회사가 내 기여의 가치를 인정하고 기대한다.
5. 자아실현욕구: 내 장점과 전문성을 살려 자발적으로 기여한다.

즉 회사가 나를 일꾼이 아닌 프로페셔널한 파트너로 대하면서, 회사의 미션에 대한 나의 기여를 함께 기뻐하면 된다.

어떻게 보면 상식적이고 쉬운 일이다. 집에 가서 잘 쉬고 회사에서 인정받고 내가 하고 싶은 일을 열심히 하면 된다. 그렇지만 그 반대의 경우를 생각해보면 왜 위계조직의 회사에서 행복하기가 쉽지 않은지 알 수 있다.

다음과 같이 욕구를 충족하지 못할 경우에는 회사에 있는 것이 불행해진다.

1. 생리욕구: 늘 피곤하고 힘들다.
2. 안전욕구: 일 못하면 잘린다고 협박당하고 폭언을 당한다.
3. 애정소속욕구: 팀원들 간의 관계가 경쟁관계가 된다.
4. 존경욕구: 다른 사람들과 늘 비교당하면서 내 가치를 인정받지 못한다.
5. 자아실현 욕구: 내가 싫어하는 일을 해야만 한다.

즉, 회사가 나를 프로페셔널한 파트너가 아니라 못 믿을 일꾼으로 대하면서 다양한 협박을 통해 내가 별로 좋아하지 않는 일을 시키면 그렇게 된다. 협박이나 강요를 당하면서 일하면 좋아하는 일도 하기 싫어지는 것이 당연하다.

이러한 불행의 요소들을 살펴보니 좀 충격적이었다. 내가 본 우리나라 회사원들은 바쁘고 피곤하다는 말을 입에 달고 살았다. 그것이 마치 회사원의 기본조건이라도 되는 것처럼 늘 피곤에 시달렸다. 1차 욕구부터 충족이 안 되고 있는 것이다.

또한 우리나라에서 누군가에게 동기부여를 하는 방식은 대부분 '협박'이다. 어려서부터도 공부를 못하면 대학을 못 가고, 대학을 못 가면 인생의 낙오자가 된다는 무서운 협박을 들으며 자란다. 공부를 통해 내가 어떤 사람이 될지, 이 지식을 활용해서 어떤 멋진 일들을 해낼 수 있을지에 대해서는 고민해본 적이 없는 것이다.

위계조직은 어떻게 혁신에 걸림돌이 되는가?

공채를 통해 사람을 뽑는 위계조직에서는 팀원 간의 경쟁이 회사 내의 기본 원동력이다. 경쟁에서 뒤처지면 잘린다는 채찍을 통해, 또는 경쟁에서 승리하면 승진하고 연봉이 올라가며 더 큰 권력을 갖는다는 당근을 통해 동기를 부여한다.

이처럼 경쟁상대들과 함께하는 팀에서는 애정소속욕구가 생기기 쉽지 않다. 겉으로는 친하게 지내도 중요한 순간에는 경쟁상대로서 내가 머리를 밟고 올라가야 하거나, 내 머리를 밟고 올라갈 사람들이니까 말이다. 또한 경쟁관계에서는 내가 비교당하는 것이 당연하기에 존중의 욕구도 채우기 어렵다.

자아실현의 욕구는 더욱 충족하기 어렵다. 대부분 윗사람이 시키는 일을 하게 되는데, 아무리 하고 싶은 일도 남이 시켜서 하면 하기 싫은 법이다.

레고를 아무리 좋아하는 사람도 내일까지 이 모양대로 만들어오라는 지시를 받으면 재미가 없어진다. 시간제한 없이 내 맘대로 레고를 만들어 내 이름을 걸고 전시한다면, 정말로 최선을 다해서 시간 가는 줄 모르고 레고를 만들 것이다. 그러나 내가 만든 레고가 그냥 다른 큰 레고의 부품으로만 사용되고 데드라인까지 있다면, 그리고 창의력을 발휘할 필요도 없다면 레고가 싫어질 것이다. 바로 이것이 위계조직이 창의력을 통한 혁신에 걸림돌이 되는 지점이다.

박지성은 에인트호번을 위해 뛴 것이 아니다

위계조직은 제조업을 위하여 만들어진 체계이다. 이미 정해진 것을 조립하는 일은 재미가 없고 창의력이 필요없으며 커리어로 삼을 수도 없다. 그래서 괴로운 일을 열심히 하도록 많은 감시장치와 보상장치를 만들어야 했다.

그렇지만 창의적인 일은 재미있으며 커리어가 될 수 있다. 창의적인 디자이너, 엔지니어 등은 커리어를 쌓아 자신의 몸값을 높일 수 있다. 그래서 창의적인 일을 하는 사람은 제약과 감시가 없는 편이 더 좋은 성과를 내는 데 도움이 된다.

한편 창의적인 직원을 회사에 충성하도록 묶어두는 것은 바보 같은 짓이다. 박지성이 소속되어 있던 에인트호번이 그를 가둬두기 위해 최선을 다했다면 박지성의 커리어에도 마이너스이고, 그는 열심히 할 필요가 없었을 것이다. 에인트호번에서 잘리지 않기 위해서, 또는 연봉을 올리기 위해 골을 넣는 것은 별로 재미가 없는 일이다.

박지성이 에인트호번에서 열심히 뛴 것은, 그곳에서 뛰어나게 잘하면 다른 더 좋은 팀의 눈에 띄어 더 많은 기회를 얻을 수 있고 몸값을 높일 수 있기 때문이다. 즉 박지성에게 동기부여를 한 곳은 에인트호번이 아니라 맨체스터 유나이티드 급의 더 좋은 팀을 향한 커리어 목표였고, 더 높은 곳을 보고 있던 그는 에인트호번에 최선을 다해서 많은 기여를 했던 것이다.

트위터를 사랑했지만 에어비앤비로 옮긴 이유

—회사를 위해 희생하거나 헌신하지 않는다

실리콘밸리 사람들도 마찬가지이다. 그들 모두 커리어를 위해서 일하지, 회사를 위해서 일하지 않는다.

나는 이전에 근무하던 트위터 사를 사랑했고 열심히 일했지만, 회사를 위해 희생하지는 않았다. 더 좋은 기회를 맞아 에어비앤비로 이직했다. 마찬가지로 나는 에어비앤비를 좋아하고 지금의 일을 사랑하지만, 에어비앤비를 위해서 희생하거나 헌신하지는 않는다. 여기서 더 많은 것을 배우고 더 뛰어난 엔지니어로 성장해서 또 다른 곳에서 멋지게 쓰이거나 사업을 하고 싶다.

나는 내가 진짜 원하는 것을 하기 위해서 지금의 회사인 에어비앤비에서 배우고, 기여한다. 만약 에어비앤비에서 배울 것이 없다면, 연봉이나 받으면서 있는 것보다 더 많이 배워서 몸값을 올릴 수 있는 곳으로 가는 것이 더 합리적이다.

이처럼 자아실현을 위해 커리어를 쌓는 것을 목표로 하면, 회사에서 일을 하지 말라고 해도 열심히 하게 된다. 일을 열심히 하지 않으면 내 커리어에 손해로 돌아오기 때문이다. 그래서 반대로 편하게 휴가를 가질 수도 있다. 나의 휴가를 위해 회사를 희생시키는 것이 아니라, 나의 커리어 발전을 잠시 멈추는 것이기 때문이다. 그래서 실리콘밸리 회사에서는 직원을 뽑을 때 물어본다. "당신의 커리어 발전에 우리 회사가 어떤 도움을 줄 수 있을까요?"

몇 년 후 회사를 떠날지 안 떠날지가 중요한 것이 아니라, 커리어에 비추어 여기에 있는 동안 얼마나 많은 것을 배우고 싶을까를 묻고 싶은 것이다.

누군가의 꿈이 월급을 받기 위해 회사에 충성하는 것이라면 그런 사람을 뽑을 이유가 없다. 그저 최소한으로 일하고, 잘리지 않기 위해 안정적인 선택만을 할 것이기 때문이다. 그러나 그 사람의 꿈이 회사에서 많이 배우고 성장해서 몇 년 후에 다른 회사로 옮기는 것이라면, 그는 자아실현을 위해 항상 새로운 것을 추구하고 적극적으로 일할 것이라고 볼 수 있다.

물론 실리콘밸리 회사와 면접을 볼 때, 다른 회사에서 일하는 것이 꿈이라고 직접적으로 이야기할 필요는 없다. 내가 가진 어떤 열정과 스킬을 통해 이 회사에 기여할 수 있을지를 먼저 이야기하고, 커리어 목표가 무엇인지, 이곳에서 어떻게 성장하고 배우고 기여할 것인지 자세히 이야기하면 된다.

전문적인 수준을 갖춘 직원들을 전문가로 대하고 활용하는 것은 기업의 실적과 효율성을 위해서도, 개인의 행복을 위해서도 훨씬 나은 일이다. 그리고 나는 우리나라 기업들 역시 필요에 의해서라도 이미 그렇게 변하고 있다고 믿고 있다.

개개인이 행복하고 여유 있는 마음을 가지고 어느 정도 업무에 거리를 두고 사색할 수 있을 때, 시키는 일을 하는 것이 아닌 전문성을 갖춘 창의력을 발휘할 수 있을 때, 회사에 +1이 아닌 ×100의 기여를 할 수 있게 될 것이기 때문이다.

CEO는 중요한 일을 결정하는 직장동료이다

위계조직의 CEO는 종종 신격화된다

CEO는 회사에서 가장 중요한 결정을 내리는 사람이다. 위계조직에서는 가장 위계가 높은 사람으로서 회사의 거의 모든 중요한 결정을 담당하며 최종 책임을 진다. 어떠한 결정도 그가 반대하면 취소해야 한다. 회사가 잘되면 그의 덕이고, 잘못되면 그의 잘못된 결정 때문이며, 직원들은 그의 결정을 믿고 따라야 한다.

위계조직에서 CEO는 종종 신격화되곤 한다. 위로부터 내려지는 명령을 빠르게 수행하는 위계조직에서 CEO의 결정사항을 무시하기 시작하면 명령체계가 흔들리고 조직 자체가 와해될 수 있다. 그러므로 그의 모든 결정은 믿고 따를 만한 것이라는 신뢰를 주는 것이 중요하다.

실제로 잘못된 결정에 대해서도 '지금은 모르지만 미래에는 옳은 결정일 것이다'라는 식으로 '미래를 보는 CEO의 혜안'이라고 생각하는 경우도 있다. 조직의 명령체계를 흔드는 것보다는, 나중에 문제가 생기더라도 지금 그에게 힘을 실어주는 것이 합리적인 선택이라고 여기기 때문이다. 그래서 위계조직에서는 회사 전체의 미션보다는 CEO가 한 말이나 생각 등을 더 중요하게 인식한다. 심지어 종종 CEO가 엔지니어보다 엔지니어링에 관한 결정을 더 잘 내리고, 디자이너보다 디자인을 보는 눈이 더 뛰어나다고 간주하기도 한다.

또 CEO의 명령에 의문을 제기하고 수행하지 않으면 일을 하지 않겠다는 뜻이 되어버린다. 결정권이 없고, 위에서 시키는 일을 해야 하는 하부 구성원이 CEO의 결정을 무시하고 다른 일을 할 수는 없기 때문이다.

이런 조직에서는 문제제기를 해도 CEO가 착한 사람이어서 들어주면 좋은 것이고, 아니면 아무런 의미가 없게 된다. 또 CEO가 아랫사람의 의견을 들어주었을 때는 권위가 손상될 위험이 있기 때문에, 문제제기가 수용된다 해도 CEO의 의견처럼 활용될 뿐 의견을 낸 사람이 크게 얻을 것은 없다. 반면 CEO가 그 아이디어를 좋아하지 않으면 그의 시간을 낭비한 사람으로 찍혀 큰 손해를 볼 수 있다. 그래서 상하 간의 소통은 중요하지도 않고 위험하다는 취급까지 받게 된다. 결국 아래로부터의 소통이란 소원 수리, 아이디어 수집 정도의 의미에 그칠 뿐이다.

역할조직의 CEO는 회사 동료이다

역할조직에서 CEO의 역할은 완전히 다르다. 그는 회사를 대표하고 가장 중요한 결정을 내리지만, 권위를 가진 윗사람이 아니라 CEO의 역할을 하는 회사 동료이다. CEO도 기본적으로 회사 전반의 결정을 내리는 일에 특화되어 있는 '전문가의 한 사람'으로 보는 것이다. 또 그가 다른 분야에 전문성이 있지 않은 한, 엔지니어보다 엔지니어링을 더 잘하거나, 마케팅 전문가보다 마케팅을 더 잘하거나, 디자이너보다 디자인을 더 잘할 가능성은 거의 없으며 그런 기대도 하지 않는다.

그는 회사 전반의 중요한 결정사항, 예를 들어 주식 상장을 언제 할 것인가, 향후 어느 쪽으로 사업 확장을 할 것인가, 어느 사업 분야를 포기할 것인가 등의 결정을 내린다. 제품 디자인과 엔지니어의 결정, 마케팅 방향에 대해 의견을 낸다 해도 개인의 의견일 뿐 그 이상의 권위를 가지지 않는다. 그래서 역할조직의 실리콘밸리 회사들에서는 다음과 같이 생각한다.

"비전문가인 CEO가 한 말이 전문가인 우리의 의사결정에 영향을 미칠 수는 없다."

결정은 내가 한다 vs. 물어봐줘서 고마워요

우리나라에서 열린 생각을 가졌다고 존경받는 CEO들은 대부분 '착한 갑'이다. 윗사람으로서 아랫사람의 의견을 잘 들어주는 사람일 뿐, 동등한 관계에서 전문적 의견과 결정권을 존중하고 전문가를 위해 경영적 관점에서 의견을 내는 경우는 찾아보기 힘들다.

디자이너가 멋진 제품을 디자인했는데 마음에 들지 않는다면, 일반적인 '갑'의 위치에 있는 CEO는 다음과 같이 이야기할 것이다.

'갑' CEO: 그 디자인 별로인데? 다른 좋은 디자인을 다시 가져와보세요.

CEO가 명령권자이자 최종결정권자로서 판단하고 결정하는 것이다. 구체적인 피드백을 주면 좋겠지만, 모든 결정을 내려야 하는 위치에서 그럴 시간도 없고 그럴 정도의 전문성도 없다. 대부분 CEO의 감에 의존해서 결정을 내린다.

반면 '착한 갑' CEO는 이렇게 이야기할 것이다.

'착한 갑' CEO: 전문적인 식견을 가지고 멋진 디자인을 해주셔서 감사해요. 하지만 이 디자인은 회사의 전반적인 이미지에 맞지 않는 것 같아요. 요즘 시대의 흐름에 맞도록 각진 디자인을 없애고, 코너를 좀 더 둥근 느낌으로 디자인을 다시 검토해주세요.

착한 갑 CEO는 디자이너의 노력에 감사하는 말로 시작한다. 다른 CEO들과 달리, 자신의 의견이 위협이나 명령이 아니라는 것을 밝히기 위해서이다. 착한 CEO는 구체적인 피드백을 주려고 노력하겠지만, 그 디자인의 최종 승인은 자신의 권한임을 분명히 한다.

그러나 역할조직의 CEO는 이렇게 이야기할 것이다.

역할조직 CEO: 저는 확 와닿지는 않네요. 제 의견도 물어봐줘서 고마워요. 각진 디자인이 마음에 들지는 않아요. 그렇지만 제가 디자인 전문가는 아니니까 당신의 전문적 판단력을 믿을게요.

역할조직에서는 디자이너의 노력에 감사하는 것은 당연한 일이고, 간단히 의견을 더할 수는 있겠지만, CEO가 디자이너의 디자인을 존중하지 않는 것은 있을 수 없는 일이므로 굳이 강조해서 이야기할 필요가 없다.

만약에 CEO가 디자이너의 능력을 신뢰하지 않는다면 그것은 완전히 다른 이야기가 된다. 그렇게 되면 디자이너의 매니저에게 이야기해서 디자이너에게 PIPPerformance Improvement Plan, 업무성과 개선 프로그램를 하도록 의견을 제시할 것이다. 그러면 3개월여의 프로젝트의 결과로서 해고를 결정할 수 있다. CEO가 일방적으로 해고할 경우 법적 문제가 될 수 있으므로 대부분 인사팀과 그 직원의 매니저에게 그 일을 맡긴다.

CEO에게 디자인을 물어보는 것 자체가 사실 전문가가 아닌 사람에게 물어보는 것이기 때문에 큰 의미는 없다. 그래서 CEO는 자신의 의견을 물어본 것에 대해 오히려 고마워해야 한다. CEO도 자신의 의견을 제시하겠지만, 디자인의 최종 결정은 디자이너가 한다. 나중에 CEO에게 다시 검사를 받으러 올 필요도 없다. 디자인의 최종 결정권은 디자이너에게 있기 때문이다.

단, 디자이너는 왜 그런 결정을 내렸는지를 누구에게나 설명할 수 있어야 한다. 전문가라고 감으로 결정을 내리고, 자신의 디자인에 대해 아무 질문도 하지 말라고 할 수는 없다. 일반적으로 결정을 뒷받침할 근거가 부족한 경우 왜 부족한지, 어떠한 점을 감에 의존해서 결정했는지 사내 문서 시스템인 사내 위키피디아에 정확히 써놓아야 한다.

역할조직은 배가 산으로 가는 것을 어떻게 막는가?

— 미션, 핵심가치, 정보 공유

역할조직에서는 CEO가 나를 위해 결정을 내려주지도 않고, 매니저가 결정을 내려주지도 않는다. 모든 사람이 결정권자이고 토론을 통해서 결정을 내린다. 그런데 수많은 사람들이 잘못된 결정이나 서로 맞지 않는 결정들을 내리면 배가 산으로 가는 일이 생길 것이다. 그래서 필요한 것이 미션과 핵심가치, 정보의 공유이다.

미션 – 우리는 무엇을 하는 회사인가

실리콘밸리 기업은 대중이 의식적/무의식적으로 가지고 있는 문제인식을 해결하기 위한 '미션mission'으로부터 출발하며, 그 미션에 따라 혁신

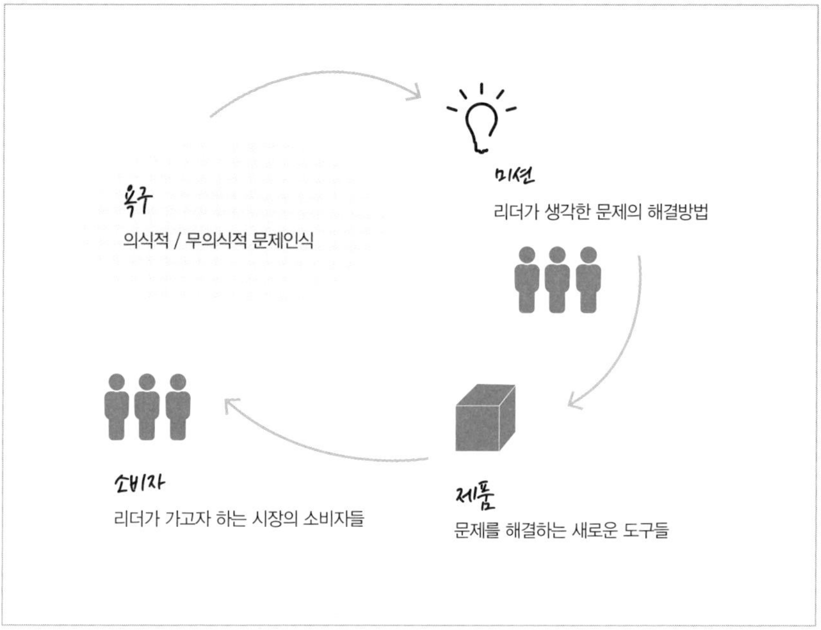

적인 제품을 만들어 대중에게 제공한다. 회사의 미션이 무엇인지를 명확하게 함으로써, 의사결정에 갈등이 생겼을 때 우리 회사가 무엇을 하는 회사인지를 상기시킨다.

예를 들어 에어비앤비의 미션은 '어디서나 내 집 같은 편안함', 즉 전 세계 어디에서든 내 집과 같은 편안함을 느끼도록 하는 것이다. 만약 엔지니어들이 의사결정에서 다음과 같은 갈등이 생겼다고 하자.

에어비앤비의 미션

어디서나 내 집 같은 편안함

Belong Anywhere

A 엔지니어: 집을 빌린 사람이 쓰는 물건 하나하나에 값을 매겨, 물 한잔 마실 때마다 편리하게 휴대폰으로 결제할 수 있는 시스템을 도입하자.

B 엔지니어: 집을 빌린 사람에게 그 집의 물건을 무료로 제공하자.

만약에 회사의 미션이 돈을 많이 버는 것이라면 당연히 전자를 선택하겠지만, 미션이 명확하지 않다면 둘은 끝없이 싸우다가 목소리가 큰 사람이나 지위가 높은 사람이 이길 것이다. 아니면 높은 상사의 중재가 필요할 것이다.

그렇지만 에어비앤비의 미션은 '어디서나 내 집 같은 편안함'이다. 어떻게 하는 것이 회사의 미션에 더 맞는가, 즉 '어떻게 하는 것이 내 집에 있는 것 같은가?'라고 질문해보면 결정은 간단해진다. 숙박을 위해 빌린 집에서 냉장고를 열 때마다 핸드폰으로 비용을 결제해야 한다면, 내 집에 있는 느낌과는 거리가 멀다. 그러니 집을 빌린 사람에게 그 집의 물건을 무료로 쓰게 하자는 결정이 내려지게 된다.

핵심가치 공유

핵심가치의 공유 또한 의사결정에 많은 영향을 미친다. 트위터에서 내가 제일 좋아했던 핵심가치는 '우리가 스스로에게 자랑스러운 방법으로 사업을 키워가자Grow our business in a way that makes us proud'였다.

트위터 앱에서 트윗 사이에 광고를 끼워넣을 때, 몇 개에 하나씩 끼워 넣어야 할지 논쟁이 붙은 적이 있었다. 어떤 사람은 회사는 이윤창출이 우선이라면서 두세 개의 트윗을 보여줄 때마다 광고를 하나씩 끼워넣자고 했다. 그런데 다른 직원이 그렇게 하면 "우리의 사업이 덜 자랑스러울 것 같다"라고 했다.

트위터의 핵심가치

우리가 스스로에게 자랑스러운 방법으로 사업을 키워가자

Grow our business in a way that makes us proud

A 엔지니어: 회사는 이윤창출이 중요하다. 두세 개 트윗을 보여줄 때마다 광고를 하나씩 끼워넣자.

B 엔지니어: 광고를 덜 넣자. 광고를 너무 많이 넣으면 우리의 사업이 덜 자랑스러울 것 같다.

그러자 다들 후자의 생각에 동의했고, 광고를 더 적게 삽입하고 사용자 경험을 중시하는 쪽으로 결정되었다.

정보의 소통

마지막으로 중요한 것이 정보의 소통이다. 아무리 미션과 핵심가치를 이해하고 있다고 하더라도, 정보의 양에 따라 할 수 있는 결정은 달라진다.

데이터베이스를 선택하는 엔지니어가 있다고 생각해보자. 그는 전문적인 시각과 토론을 통해 최고의 데이터베이스가 무엇인지 찾아내고자 고민할 것이다. 그런데 CEO가 오라클 사와 계약을 맺어서 다른 데이터베이스를 사용할 수 없다는 제약이 생겼다면, 그리고 CEO가 그 사실을 알려주지 않았다면, 이 엔지니어의 고민은 모두 쓸데없는 일이 되어버린다.

위계조직은 '의도적으로' 정보를 제한한다

위계조직은 모두 비슷한 스킬을 가지고 비슷한 일을 하면서 경쟁한다. 그러한 상황에서 내가 가질 수 있는 가장 큰 힘은 '정보력'이다. 그래서 의도적으로 정보를 제한한다.

사장/회장이 가장 많은 정보를 알고 있고, 상무, 부장, 과장으로 내려가면서 알고 있는 정보의 양이 줄어든다. 말단에서 실무를 보는 직원들은 스스로 결정을 내릴 수 없다. 이처럼 정보의 양이 제한되기 때문에 윗사람이 아랫사람에게 "네가 뭘 안다고 결정을 해?", "누가 시키지도 않은 일을 하라고 했어?"라고 말하게 된다.

위계조직에서는 많은 사람들이 병목bottleneck이 된다. 다시 말해 "내가 없으면 우리 팀은 안 돌아가"라고 말할 수 있는 사람이 많아진다. 정보를 독점하고 결정을 내리기 때문에 실제로 그 '윗사람'이 없으면 팀은 어떠한 결정도 내릴 수 없다. 내가 지금 하고 있는 일이 끝나면 윗사람이 다음 일을 주어야 한다. 그래서 많은 사람들이 휴가를 쓸 수 없다. 또한 실제로 그 사람이 자리를 비우면 일이 안 돌아가므로, 그가 휴가를 가버리면 회사에 큰 타격이 될 수도 있다.

역할조직은 정보를 공유할수록 강해진다

역할조직에서는 한 사람 한 사람이 결정권자이다. 아무리 말단사원이라도 그가 내린 결정은 최종적이며, 그가 책임을 진다.

그런데 전문가들이 회사를 위해 최선의 결정을 내릴 수 있도록 하려면 가능한 최대한의 정보를 제공해야 한다. 우리 회사가 어떤 회사와 독점계약을 맺었는지부터 시작해서 엔지니어들은 어떤 언어를 쓰는 것이 좋은지, 디자이너들은 어떤 디자인 스타일을 유지해야 하는지 표준화해서 소통해야 한다. 그래서 각 엔지니어와 디자이너 등은 자신이 선택할 수 있는 옵션이 얼마나 있는지를 정확히 알고 있어야 한다. 역할조직에서는 모든 직원이 업무와 의사결정에 필요한 거의 모든 정보를 알고 있기 때문에, 어떤 직원이 자리를 비워도 누구든 대체할 수 있다.

정보를 공유하기 위해서는 문서화가 기본이다. 자신이 하는 일을 사내 위키 문서를 통해서 문서화를 잘 해놓으면 누구든 그것을 이용해 그 일을 대체할 수 있다. 그래서 언제든 휴가를 갈 수 있고, 다른 사람과의 소통을 효율적으로 하여 시간을 확보하며 자기 스케줄에 맞추어 일할 수 있다.

팀의 보틀넥이 되는 사람들

위계조직에서는 '내가 없으면 회사가 안 돌아가는 사람', 정보를 독점하는 사람이 되는 것이 중요하고 그것이 곧 권력이 된다. 하지만 역할조직에서는 '내가 없어도 잘 돌아가고, 내가 있으면 더 잘 돌아가게 하는 사람'이 필요하다. 즉 팀원이 다섯 명일 때 한 명이 빠지면 팀이 4/5의 속도로 프로젝트를 계속 진행할 수 있어야 하고, 만약 빠진 사람이 슈퍼엔지니어라 해도 3/5의 속도로 진행할 수 있어야 한다. 한 명이 빠졌을 때 속도가 0이나 1/2이 되면, 그에게는 '보틀넥'이라는 별명이 붙고 팀에서는 암적인 존재가 되어버린다.

역설적이게도, 소통이 가장 필요한 역할조직에서는 미팅을 최소화하는 것이 중요하다. 서로 독립적으로 일을 진행하기 때문에 혼자 일할 시간을 최대로 확보하는 것이 회사에 크게 기여하는 방법이기 때문이다.

나는 일주일에 스프린트 계획 미팅 한 시간, 스탠드업 30분, 결정이나 정보가 필요할 때 그때그때 30분에서 한 시간 정도의 미팅을 한다. 그 밖에 한 달에 한 번쯤 회사 전체 직원들이 모이는 전체회의all-hands나 우리 팀 전체회의를 하기도 한다.

역할조직은 의사소통을 어떻게 하는가?

앞서 말했듯 의사소통은 회사 내에 위키피디아와 같은 사이트를 만들어 각자 한 결정, 자기가 알고 있는 모든 정보를 모두 볼 수 있도록 한다. 당장 내일 사고를 당해서 회사에 못 나오는 경우가 생기더라도, 팀원들이 해당 위키 페이지만 읽으면 자리를 채울 수 있도록 하는 것이다.

이메일은 가장 주된 소통수단이다. 중요한 의사결정이나 업무진행은 이메일을 통해서 이루어진다. 슬랙Slack, 힙챗Hipchat 등의 메신저를 통해서 팀, 프로젝트, 또는 개인 간에 실시간으로 소통한다. 특히 사고 대응 등에 중요하게 활용된다.

전 직원이 모이는 전체회의에서는 주로 CEO가 나와서 회사의 중요한 결정 등을 알려주고 Q&A 시간을 갖는다. 이때에도 금기가 거의 없다. CEO에게 "우리 회사는 몇 번의 대량해고를 겪었는데, 너는 왜 책임을 안 지고, 잘리지 않고 계속 있는가?"라고 묻기도 한다. 물론 직원에게 돌아오는 불이익은 전혀 없다.

팀 회의는 '관리'가 아닌 '진행'에 중점을 둔다. 누가 얼마만큼 일했는지, 앞으로 얼마만큼 일할지 체크하는 것이 아니라, 누가 어떤 일을 할지, 그 일을 하는 과정에서 블로커blocker, 즉 막히는 일은 없는지를 체크한다. 애자일 스프린트 계획 미팅, 일간 스탠드업 미팅 등이 있다.

매니저와는 매주 또는 2주에 한 번씩 1:1 미팅을 한다. 여기서는 내가 생각하는 모든 것을 이야기할 수 있다. 동료의 업무 스타일이 마음에 안 든다든지, 아내와 어젯밤에 싸워서 너무 졸리다든지, 집에서 기르는 강아지가 아파서 일에 집중할 수 없다든지 등 시시콜콜한 이야기도 한다. 매니저는 마음속 깊은 곳에 있는 이야기까지 들으며, 나의 퍼포먼스를 높이기 위해서 무엇을 하는 것이 가장 크게 도움이 될지 생각한다. 또 1:1 미팅에서 중요한 것은 커리어 계획이다. 매니저는 내가 어떻게 하면 커리어 목표를 이룰 수 있는지 끊임없이 조언해준다.

그 외에 동료들과 상의할 일이 있으면, 아무 때나 사내 캘린더를 통해 회의실을 예약해서 회의를 한다. 대부분의 회사에서 자유롭게 집에서 일하는 것이 허용되므로 회상회의를 하기도 한다(Google Hangouts, Cisco WebEx, Blue Jeans 등의 서비스 이용).

실리콘밸리 기업은 복지를 제공하는 게 아니다

복지가 아니다, 효율 극대화를 위한 시스템이다

흔히 실리콘밸리 기업은 복지가 좋다고들 한다. 자유로운 출퇴근 시간, 호텔 뷔페급의 요리를 제공해주는 식당, 무제한의 휴가, 재택근무 등 실리콘밸리는 우리나라의 어떤 기업도 아직 따라오기 힘든 수준의 '복지'를 제공하고 있다. 그렇지만 이러한 복지는 우리나라의 제조업에서 바라보는 복지와는 개념이 다르다.

저숙련 노동자의 인형공장 vs. 기계학 박사

저숙련 노동자들이 일하는 인형공장이 있다고 하자. 최대한 많은 인형

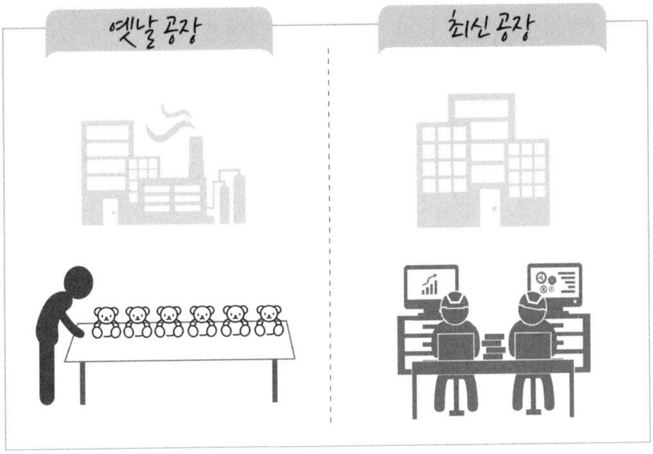

실리콘밸리 기업은 복지가 아니라 창의적 인재를 위한 효율 극대화를 위한 시스템을 제공하는 것이다.

을 만들기 위해서는 노동시간을 최대한으로 늘려야 한다. 하지만 점심시간도 없이 내리 열 시간을 일하면 노동효율이 떨어지고 병에 걸릴 것이다. 기업은 복지제도를 도입하여 50분을 일하면 10분을 쉬게 하고, 점심시간 한 시간을 보장하며 엄격히 지켜야 한다. 노동시간 자체가 그들의 가치이기 때문이다.

반면 기계학 박사를 초빙하여 인형 제작공정을 혁신하고자 할 때에는 그러한 모든 것이 적용되지 않는다. 기계학 박사에게 사무실에 앉아서 50분 일하고 10분 쉬고, 점심시간은 한 시간만 가지라고 하는 것은 의미가 없는 일이다. 그에게는 무제한의 자유와 정보를 주어야 한다.

앞으로 어떤 모양의 인형을 만들 것인지, 생산량의 목표는 얼마인지, 시장을 어느 나라로 확장할 것인지 등 경영전략에 해당하는 정보까지 있어야 종합적으로 판단하여 좋은 기계를 설계할 수 있을 것이다. 어쩌면 그가 만드는 기계는 분당 수만 개의 인형을 만들 수도 있을 것이다. 회사 입장에서는 그에게 숙련 노동자보다 임금을 열 배 더 주어도 남는 장사일 것이다.

휴가를 보내는 게 훨씬 나은 선택이다

실리콘밸리의 기업들은 정부로부터 노동에 대한 세밀한 규제를 받지 않는다. 국가나 주 정부가 매우 기본적인 것만을 제외하면 노동시간이나 휴가 일수에 대해서 크게 관여하지 않는다. 심지어 연방정부가 보장하는 육아휴직은 0일이다. 이러한 극한의 시장경제체제, 자유주의 정치체제에 있는 기업들이 극단적인 사회주의자들도 이루기 어려운 수준의 복지를 제공하고 있다.

이것은 그들이 노동자의 삶을 보장하기 위한 복지를 제공하는 것이 아니다. 전문가들의 효율을 최대로 활용하기 위한 시스템을 도입한 것이다. 세계 최고의 창의적인 전문가들은 각자 일하는 스타일도 다르고, 하루 중 가장 집중력이 높은 시간도 다르다. 그들이 피로하면 빨리 휴가를 보내는 것이 회사 입장에서는 훨씬 나은 선택인 것이다.

똑똑한 사람이 한국의 대기업에만 가면 바보가 된다?

기계학 박사를 인형 조립라인에 세워놓다

우리나라의 제조업은 저숙련 노동자에게 낮은 임금을 주며 오랜 시간 일하게 하여 성공을 거두었고, 그들을 효율적으로 통제하기 위해 위계조직을 만들었다. 그런데 현재는 세계 최고 수준의 고학력 인재들을 여전히 그 조직에서 활용하고 있다. "똑똑한 사람이 한국의 대기업에만 가면 바보가 되어 나온다"라는 말이 과언이 아닌 이유가 여기에 있다.

이것은 마치 기계학 박사를 인형 조립라인에 세워놓는 것과 같다. 경영자는 엄청난 재능을 낭비하고 있는 것이며, 기계학 박사는 온갖 자괴감이 들고 결코 행복하지 않을 것이다.

인형 조립라인 앞에 선 기계학 박사가 회사에 불만을 가지지 않게 하려면 어떻게 해야 할까? 우리 기업들은 그들에게 뛰어난 인재라는 생각을 버리게 하고, 획일화된 충성교육과 겸손교육을 시켜왔다.

우리나라의 인재들은 이미 역할조직이 필요로 하는 수준 이상의 능력을 갖추고 있다. 하지만 우리 기업들은 창의적으로 일할 수 있는 그들에게 여전히 위계적인 방식으로 획일적인 일을 시키고 있다. 그렇다 보니 대학에서도 학생들을 '생각하는 사람'으로 만들기보다는 '말 잘 듣고 시키는 일을 잘하는 사람'으로 키워내고 있다. 그리고 그렇게 '말 잘 듣고 시키는 일을 잘하는 사람'들은 대부분 체제에 잘 순응한, 공부를 잘하는 이들이다. 그래서 대학은 성적이라는 한 가지 기준으로 학생을 선발하고, 중고등학교는 그에 맞춰서 획일화된 공부를 시킨다.

미국은 이미 30년 전에 시작했다

의사결정에는 인문학적 소양이 필요하다

역할조직에 적합한 '생각하는 사람'을 만들기 위해서는 인문학 교육과 글쓰기 교육, 토론 교육이 필수적이다. 항상 깊이 생각하고, 자신의 생각을 글과 말로 표현하여 다른 사람들과 시너지 효과를 낼 수 있도록 교육해야 한다.

우리나라의 인문학 교육은 사회에 나가면 쓸데없는 것으로 취급받았다. 제조업 위주의 위계조직에서는 시키는 일을 잘하는 사람, 기술이 뛰어난 사람들을 원하며, 인문학적 소양을 지닌 사람은 크게 필요로 하지 않는다. 인문학은 의사결정권을 가진 사람들에게 주로 필요한 능력인데, 우리나라 현실에서 그런 능력을 발휘할 수 있는 사람은 재벌가 오너의 자제, 로열 패밀리에 속하는 사람들 정도로 제한될 때가 많기 때문이다.

그런데 스타트업을 시작하는 CEO들에게도 이러한 '생각하는 능력'은 필수적이다. 또 작은 스타트업을 함께 운영하는 전문가들도 마찬가지다. 큰 기업에서도 전문가적, 역할조직적 요소가 많아질수록 인문학적 능력이 더 중요해지게 된다.

미국 기업의 혁신, 학교교육을 바꾸다

우리나라 기업이 역할조직으로 변화한다면, 대학 교육도 창의적이고 생각하는 사람을 기르는 교육으로 바뀔 것이다. 인문학 교육이 중요해질 것이고 글쓰기와 토론 교육이 더 강화될 것이다. 고등학교 교육도 자신의 적성 탐색에 중점을 두고, 자신의 생각을 표현하는 교육으로 바뀔 것이다. 5지선다의 객관식 교육은 크게 위축되고, 지식을 머리에 넣는 것은 교육의 일부가 될 것이다. 반면 자신이 배운 것을 바탕으로 의견을 조리 있게 글로 쓰고 말로 하는 교육이 더 중요해질 것이다. 또한 각 분야의 전문지식을 가지고 토론하는 교육이 중요시될 것이다.

미국의 교육체제가 우리나라에 비해 창의성을 중시하는 것은, 그들이 이미 30년 이상 '혁신의 시대'를 거쳐 왔기 때문이다. 반면 오늘날 우리의 교육체제가 획일적인 것은 아직 우리 기업들이 '제조업의 시대'에 머물러 있다는 것을 의미한다.

우리나라에서도 지금까지 교육개혁을 위해 많은 노력을 해왔지만, 대부분 실패를 거듭했다. 교육받은 인재들의 최종 수요자인 기업의 성격이 변하지 않는다면, 일렬로 학생들을 평가하는 교육 시스템은 변화하지 않을 것이다.

사내정치도 전문가들이 잘해야 한다

사내정치가 나쁜 것이 아니다,
사내정치를 잘못하는 것이 나쁘다

두 사람 이상이 모이면 정치가 시작된다. 정치는 한정된 자원을 분배하는 방법을 결정하기 위한 시스템이다. 학술적 정의를 따르자면 '가치의 권위적 배분'이라 할 수 있다. 어떤 권위를 부여해서 일정한 규칙을 가지고 한정된 자원을 배분하는 것이다.

자연상태에서는 한정된 자원을 조금이라도 더 갖기 위해 폭력이나 전쟁이 일어날 수 있다. 회사에서도 마찬가지다. 우리 부서가 더 많은 예산을 가져오길 바라는 것이 인지상정이다. 그중에서도 나에게 예산이 가장 많이 할당되기를 바라는 것 또한 인지상정이다. 그래서 정치의 본질은 이익 싸움이며, 그 과정에서 스트레스가 극심해지고 지저분한 싸움으로 번지기도 한다. 또한 정치싸움에서 우위를 점하기 위해서 혐오와 극단적인 편 가르기를 이용하기도 하고, 돈과 권력이 있는 쪽에 일방적으로 유리하도록 행동하기도 한다.

한편 정치의 발전이 참정권의 확대과정이었듯, 회사가 민주화되고 발전할수록 의사결정에 관여하는 사람들이 늘어나게 된다. 전체주의적으로 맨 윗사람이 자원을 분배할 때에는 그의 룰만 제대로 파악하면 되지만, 결정권자가 늘어나면 고려해야 할 지점이 많아진다.

역할조직의 사내정치는 어떻게 다른가?

역할조직에서는 모든 사람이 결정권자이다. 모든 사람이 결정권자라면 끊임없이 정치활동이 일어나는 것은 당연하다. 한 사람 한 사람의 결정에 따라 자원배분의 양상이 미세하게 조정되기 때문이다.

한창 성장하는 스타트업은 자원이 많고 사람은 적기에, 하고 싶은 것들을 다 해도 된다. 문제가 크게 비화되지 않고 사내정치를 잘 못하는 사람들도 쉽게 자신의 일에 집중할 수 있다. 그런데 회사가 커질수록 사람은 점점 많아지고 자원은 무한정 늘어나는 것이 아니므로 정치의 역할이 갈수록 중요해진다.

이 경우 리더십과 정치력이 있는 사람이 매니저가 되고 팀을 대표하는 것이 중요하다. 나와 팀의 가치를 다른 사람들에게 제대로 설명할 수 있어야 예산을 많이 가져올 수 있는데, 이때 제대로 된 규칙이 없으면 가치를 부풀려 더 많은 자원을 독식하는 사람도 생기게 된다. 정치를 잘 못하는 사람이 그런 자리에 있다면 그 스트레스는 어마어마할 것이다.

사내정치가 없는 것이 반드시 좋은 것은 아니며 그런 회사는 존재할 수도 없다. 사내정치를 안 한다는 것은 자원배분을 위한 토론을 하지 않아도 될 정도로 시스템이 잘 짜여 있거나, 아니면 위에서 시키는 대로 무조건 한다는 의미가 된다. 따라서 사내정치가 없어야 한다기보다는 사내정치를 잘하는 것이 중요하다. 사내정치를 잘하려면 두 가지 조건이 선행되어야 한다.

정치를 잘하는 사람이 리더가 되어야 한다

연공서열에 따라 시간이 지나면 리더가 되는 시스템의 경우, 정치에는 관심도 없고, 막상 하려면 스트레스를 크게 받는 사람들이 많이 생길 수 있다. 이런 사람들은 리더가 되면 안 된다. 하지만 우리나라의 많은 기업은 리더가 되면 돈을 더 많이 받고 권력도 더 많이 가지게 되며, 나이와 경험을 중시하는 연공서열 시스템이기 때문에, 이런 사람들이 리더가 되는 경우가 많다. 정치를 하기 싫은 사람이 끝까지 팀원으로 남아 있어도, 그들이 회사에 기여하는 가치에 따라 공정한 보상이 충분히 돌아가는 시스템이 필요하다.

정치 규칙이 명확하게 정해져 있어야 한다

회사에서 자원배분의 의사결정이 윗사람의 마음에 따라 결정되면 치열한 눈치 싸움이 생긴다. 목표를 확인하고 토론을 통해 자원배분에 대한 의사결정을 하든, 빅데이터 분석으로 의견을 뒷받침하든, 아니면 누군가에게 전권을 일임하든 간에 명확한 규칙이 있어야 한다. 그렇지 않으면 사내정치가 눈치 싸움과 이전투구의 장이 되어버릴 수 있다.

실리콘밸리의 사내정치

실리콘밸리 회사들에도 사내정치가 전혀 없는 것은 아니다. 물론 자원배분이 항상 공정하게 이루어지는 것도 아니며, 많은 사람들이 사내정치로 인해 스트레스를 받는다. 자신의 팀이 더 중요한 일을 했는데도, 다른 팀에서 이것을 무시하며 자원을 더 많이 배분받아 가는 일도 종종 생긴다. 그래서 리더는 정치를 잘할 줄 아는 사람이어야 하는 것이다.

사내정치가 사내 자원을 배분하는 데 필요한 의사결정 도구가 되는 것이 현실이다. 다만 그것을 얼마나 공정하게 만드는지는 각 회사가 풀어야 할 숙제이자 믿음의 문제이며, 회사도 자원배분을 위한 공정한 시스템을 갖추어야 한다.

가장 안 좋은 것은 사내정치가 존재할 리 없다고 생각하는 것이다. 사내정치를 부정하고 시스템을 만들지 않으면 온갖 눈치 싸움과 술수로 자원을 배분하는 방법밖에 없어진다. 실제로 존재하는 사내정치를 부정하면 무정부 상태가 되어 오히려 힘과 협박과 거짓말이 자원을 얻는 수단이 되어버릴 수도 있는 것이다.

성과주의는 모든 직원을 획일적인 기준으로 평가하려고 한다.

반면 기여주의는 묻는다.

“당신은 우리 미션에 어떻게 기여했습니까?”

2장

성과주의를 넘어 기여주의로

성과주의를 넘어 기여주의로

일은 최대한 적게 하고, 돈은 많이 버세요

사실 위계조직의 연공서열제는 비효율적인 경제체제로 알려진 공산주의와 많이 닮아 있다. 평등을 중시하는 공산주의에서는 개인의 능력 및 성과 차이를 인정하지 않는다. 위에서 계획을 철저히 세우면 아래에서는 그 목표량에 맞추어 각 팀별로 일을 수행한다. 성과에 대한 평가가 팀별로 이루어지고, 보상도 똑같이 배분되기 때문에 사람들은 최소한으로 일하려 하게 된다.

개인의 입장에서는 일을 열심히 할 이유도 별로 없고, 위에서 획일적으로 설계된 업무 지시는 실무와 맞지 않는 경우가 많다. 그러한 체제에서는 개인에게 동기를 부여할 만한 강력한 사상적 장치가 필요해진다. 돈을 위해서가 아니라 조국과 민족과 지도자를 위해서 한다는 식의 장치이다.

위계조직에서는 이와 유사하게 창업주나 현재 가장 높은 명령권자가 얼마나 탁월한 사람인지에 대해 계속 강조한다. 가장 아래에 있는 직원들은 이해할 수 없는 업무 지시가 내려와도 탁월한 결정이라고 믿고 수행해야 한다. 위에는 더 많은 정보가 있고 아래에는 훨씬 적은 정보만이 주어지므로, 위에서 하는 결정이 더 좋은 결정일 것이라고 믿게 된다.

위계조직은 작동원리뿐만 아니라 성과에 대한 보상도 공산주의와 닮아 있다. 일을 아무리 열심히 해도 보상은 연공서열의 범위를 넘지 못하며, 개인의 기여보다는 팀의 성공이 우선시된다. 그렇다 보니 위계조직의 최고 덕담은 "일은 최대한 적게 하고 돈은 많이 버세요"가 되어버린다.

위계조직에서 "일을 통해 멋진 전문가가 되어 커리어를 쌓고, 회사를 넘어 세상의 변화에 기여하세요"라고 말한다면, 곧이곧대로 덕담으로 받아들이는 사람은 찾아보기 힘들 것이다. 회사에 충성하고 시키는 일을 잘하는 사람으로 만드는 위계조직의 특성을 얼마간 겪고 나면, 이런 조직에서는 내 전문성을 쌓는 것이 별로 의미가 없고, 윗사람의 말을 잘 듣는 것이 훨씬 더 중요하다는 것을 체득하게 된다.

성과주의의 부작용, 혁신도 없다

많은 기업들이 열심히 일하고 더 좋은 성과를 내도 보상이 더 많이 주어지지 않는 문제를 해결하기 위해 '성과주의'를 지향하기 시작했다. 이전에는 몇 개를 생산하든 같은 시급을 받았다면, 성과주의를 도입하면 한 시간에 20개를 만드는 사람은 10개를 만드는 이보다 보상을 더 많이 받게 되었다.

하지만 위계조직의 성과주의는 다양한 부작용을 낳는다. 단기성과를 좋게 만들기 위해 정규시간 외에 무리한 근무를 하기도 하고, 부서간 경쟁을 통해 회사 전체적으로는 더 큰 비효율을 만들어내기도 한다. 또 보여주기식 프로젝트들이 생기고 다른 사람의 성과를 가로채는 일도 발생한다.

가장 큰 문제는 도전의식이 사라진다는 것이다. 성과가 좋지 않으면 보상도 줄어들기 때문에 혁신에 신경을 쓸 겨를이 없다. 만약 한 시간에 인형을 10개 만드는 사람이 신기술을 이용하면 배우는 기간에는 5개밖에 만들지 못하지만, 6개월 후에는 20개씩 만들 수 있다고 해보자. 항상 같은 액수의 월급을 받는 사람의 경우, 6개월 후에 20개를 만들 수 있는 신기술을 도입하는 것을 선택할 확률이 높다. 하지만 성과주의 기업에서는 신기술을 익히는 기간 동안 월급이 반으로 줄어드는 것을 감당해야 하기 때문에, 이를 꺼리게 될 수 있다.

이처럼 위계조직 내의 평등주의는 근본적인 생산성에 문제를 가져오고, 성과주의는 혁신에 문제를 일으킨다. 그러나 혁신에 최적화된 역할조직에서는 전혀 다른 평가기준을 가지고 있다. 나는 이것을 '기여주의'라고 이름을 붙였다.

당신은 우리의 미션에 어떻게 기여했습니까?

기여주의를 채택한 기업에서는 "당신은 얼마만큼 많이 생산했습니까?"가 아니라 "당신은 우리 회사의 미션에 어떻게 기여했습니까?"라는 질문을 던진다. 즉 획일화된 생산량이 아니라 주관적인 기여도가 평가기준이다.

"당신은 우리의 미션에 어떻게 기여했습니까?"라는 질문을 받으면, 5개밖에 못 만든 사람도 앞으로 20개를 만들기 위해서 신기술을 익히는데 기여했다고 할 수 있다. 또한 다른 사람들이 더 많이 만들도록 응원하고 간식을 제공했다든가, 아니면 기계 박람회에 가서 앞으로 생산혁신을 위한 신기술을 알아보았다는 등 여러 면에서 평가가 가능해진다. 실리콘밸리 문화에서는 간식을 제공한다는 것이 임팩트는 크지 않지만, 팀원들이 고마워하는 기여이다. 자신의 주업무에서 벗어나 다른 사람들을 위해 희생을 해주었기 때문이다. 팀에 대한 헌신보다 개인에 대한 평가가 우선되는 환경에서 다른 사람을 위한 작은 희생은 팀을 위해 당연히 해야 할 허드렛일이 아니라, 누구도 기대하지 않았는데 마음을 다해 준비한 선물이 된다.

주관적인 평가를 위해서는 매니저의 일괄적인 평가도 불가능해진다. 함께 일하는 다양한 사람들이 다양한 관점에서 평가해줄 필요가 있다. 간식을 제공하는 것이 어떤 사람에게는 따뜻한 마음으로 하루를 시작하게 하고 팀의 소중함을 일깨우는 기회가 되었을 수도 있고, 어떤 사람에게는 그저 자원의 낭비로 보일 수도 있다. 또한 기계 박람회에 가는 것이 어떤 사람에게는 회사의 미래를 위한 중요한 시간 투자로 보일 수 있지만, 어떤 사람에게는 시간 낭비일 수도 있다.

기여주의 평가의 핵심가치는 바로 이처럼 다양한 의견들을 모아 피드백을 주는 것이다. 단순히 승진 여부를 결정하는 것이 아니라, 동료들이 다양한 시각으로, 그가 우리의 미션에 더 잘 기여하려면 어떻게 하는 것이 좋을지를 이야기해주는 것이다.

기여주의가 제대로 작동한다면, 인사평가는 획일화된 기준을 가지고 평가를 당하는 두려운 시간이 아니라 나의 전문성을 인정받고 건설적인 피드백을 받는 의미 있는 시간이 된다. 현재 다니고 있는 회사를 넘어 나의 전체 커리어의 발전을 위한, 동료들의 솔직한 이야기를 듣는 가치 있는 시간이 되는 것이다.

성과주의 회사 vs. 기여주의 회사

회사는 기여주의 평가방식을 통해서 성과주의의 많은 비효율을 없앨 수 있다. 성과주의는 각 개인을 획일화된 평가척도로 단순화하여 평가하는데, 이 경우 미션을 위해서 일하기보다는 성과지표에 최적화된 일을 하는 것이 당연해진다.

예를 들어 직원의 성과척도에 수익증대가 들어 있는 회사에서 자사 홈페이지에 '광고를 몇 개 삽입할까?'를 결정하는 담당자는 어떻게 판단을 해야 할까? 광고를 많이 넣으면 회사의 수입은 늘겠지만, 장기적으로 사용자 경험이 안 좋아져서 많은 소비자들이 홈페이지를 외면하게 될 것이다. 이에 대해 두 직원이 각각 다른 선택을 했다고 생각해 보자.

직원1: 홈페이지에 광고를 많이 추가

직원2: 홈페이지에 광고를 최소한으로 추가

이 경우 성과주의 회사에서 일하는 직원이라면 수익증대 실적을 위해 광고를 많이 넣을 것이다. 수익증대 여부로 직원의 성과를 평가하기 때문이다. 그래서 수익을 희생해서라도 사용자 경험을 개선했다고 주장해도 평가척도에 반영될 수 없고, 누군가가 윗사람에게 강변하지 않는 이상 의미 없는 말이 되어버린다. 사용자 경험은 쉽게 척도화할 수 없는 반면, 금전적 수익증대는 쉽게 평가할 수 있기 때문에, 성과주의에서 광고를 많이 넣는 것은 쉽게 선택할 수 있는 안이 되는 것이다. 그래서 성과주의 체제에서는 '회사 전체를 위해서는 내가 이러면 안 되는데, 이번 승진을 위해서는 어쩔 수 없어'라고 생각하는 사람들이 생겨나게 된다. 성과주의 체제에서는 각각의 안이 다음과 같이 평가될 것이다.

직원1: 수익 제고 점수 10점

직원2: 수익 제고 점수 2점

반면 회사 전체의 미션을 생각하는 기여주의에서는 수익을 희생해서라도 사용자 경험을 증대하는 것이 당연하게 여겨진다. '당신은 회사의 성공을 위해 어떻게 기여했습니까?'라는 질문에 다음과 같은 답을 상상해 보자.

직원1: 저는 수익창출을 위해 홈페이지에 광고를 많이 추가했습니다.

직원2: 저는 회사 이미지를 제고하기 위해 수익을 조금 줄이더라도, 사용자들에게 더 나은 경험을 제공하려고 노력했습니다.

기여주의에서는 성과주의에서와는 달리, 어떤 미션을 가지고, 어떤 가치판단을 하느냐에 따라 평가가 달라진다. 만일 회사의 미션이 '어떠한 희생을 치르더라도 생존을 위해 단기적으로 돈을 모으자'라면 직원1이 더 높은 평가를 받을 것이고, 회사의 미션이 '장기적으로 사용자에게 최고의 경험을 제공하자'라면 직원 2가 더 높은 평가를 받을 것이다.

이러한 단순한 예 외에도 성과주의 평가방식으로는 윗사람에게 보이는 프로젝트만 선택한다든지, 성과를 실제로 한 일보다 부풀린다든지, 다른 사람들의 성과를 가로채는 등의 부작용이 나타나게 된다.

반면 기여주의 평가방식은 회사 전체의 미션과 미래를 생각하고 결정을 내렸는지를 종합적으로 판단할 수 있기에, 각 직원이 획일화된 수치가 아닌 자신만의 가치를 보여줄 수 있도록 한다. 그러한 관점의 변화를 통해 획일화되고 무의미한 경쟁보다 효율적이고 의미 있는 기여를 할 수 있도록 유도하는 것이다.

생존을 위해 일하는 애런,
커리어를 위해 일하는 브라이언

애런과 브라이언은 각자의 장점도 다르지만, 목표도 일하는 자세도 다르다. 시키는 일을 매우 잘 해내는 한국형 인재인 애런은 항상 경쟁할 준비가 되어 있고, 회사에서 최고가 되기 위해 노력한다.

반면 자신의 커리어를 위해 일하는 실리콘밸리형 인재인 브라이언에게는 회사에서의 경쟁은 인생에서 그리 중요하지 않다. 자신이 어떤 커리어를 쌓아가고 있고, 커리어에 비추어 현재 이곳에서 무엇을 배우고 있는지가 중요하다.

생존을 위해 경쟁하는 대기업의 애런

한국형 인재인 애런의 하루는 긴장감으로 시작된다. 회사에 나와 커피를 한 잔 마시면 하루를 또 치열하게 살아갈 에너지를 얻는 기분이다. 그는 항상 경쟁한다. 동료들과 경쟁하고 다른 팀과 경쟁한다. 회사는 건강한 경쟁을 통해 새로운 에너지를 늘 만들어내고 있다.

경쟁은 회사 내의 각 조직에서도 일어나지만, 팀 안에서도 일어난다. 최고의 엔지니어들을 모아놓았으니 에이스 간의 경쟁은 한 편의 액션영화를 보는 것 같다. 누군가가 먼저 기술을 이용해 치고 나가면, 다른 엔지니어들은 더 멋진 기술을 얹어 더 빨리 프로젝트를 수행한다. 누군가는 밤을 새워 프로젝트를 완성해서 아침에 멋지게 내놓아 팀원들을 깜짝 놀라게 하기도 한다.

최고 엔지니어들 간의 경쟁은 회사 전체의 속도를 한층 더 높여준다. 팀은 기관차와 같고, 엔지니어들은 엔진과 같다. 서로 보조를 맞추면서도 끊임없이 경쟁하여 속도를 높인다.

물론 이 팀에서도 누군가는 승진하고 누군가는 패배할 것이다. 그것이 경쟁의 원칙이자 묘미이다. 이처럼 생존을 건 경쟁이 아니라면 이러한 에너지를 만들어내기가 쉽지 않을 것이다. 경쟁이 격화되다 보면 일을 너무 무리해서 할 때도 있고 스트레스를 받을 때도 있다. 그렇지만 이번 프로젝트를 성공시키고 승자가 되어 받을 보상을 생각하면, 지금은 쉴 때가 아니다. 성공하면 회사에서 보내주는 몇 주간의 포상성 출장을 갈 수 있고, 실리콘밸리 기업들을 돌아보고 보고서 몇 장만 쓰면 휴가도 사용하지 않고 멋진 휴식을 즐길 수 있다.

그런데 만약 실패해서 도태되면 어떻게 될까? 물론 이것이 경쟁의 이면이다. 그러면 회사에서 잘리지는 않는다 해도, 다른 기회를 찾아 다시 승진 경쟁에 참여해야 할 것이다.

애런은 데드라인 안에 프로젝트를 끝내는 데 최고의 귀재이다. 계획을 철저하게 세우고 오차 없이 수행해낸다. 다른 팀의 누군가가 프로젝트에 대해 문제점을 지적하면 언제나 완벽한 논리로 그들의 문제제기를 머쓱하게 만든다. 그의 프로젝트는 처음부터 완벽하다고 소문이 나 있고, 이것은 엔지니어로서 애런의 자부심이기도 하다.

애런의 회사생활에서 생길 수 있는 가장 좋은 일은 승진이고, 가장 안 좋은 일은 해고되는 것이다. 그 생사여탈권은 윗사람들이 쥐고 있으니, 그가 생존하기 위한 가장 좋은 전략은 윗사람이 좋아할 만한 가장 안전한 일을 하는 것이다. 시장의 흐름이나 세상에 변화를 주는 것이 중요한 게 아니라, 윗사람이 만족할 만한 일을 하는 것이 가장 중요한 것이다.

애런은 경쟁의 위협 속에서 잘리지 않고 승진하기 위해 정말 열심히 일한다. 위험한 일은 하지 않고 완벽주의를 가지고 근면성실하게 일한다. 아울러 실수를 하지 않기 위해서는 반복 훈련이 중요하다. 새로운 것을 계속 하다 보면 실수가 잦아지기 마련이다. 그래서 그는 승진하고 시니어가 될수록 더 안전하고 익숙한 일을 선호하게 된다.

실리콘밸리형 인재인 브라이언의 목표는 회사 안에 있지 않다. 그는 커리어를 쌓아 몸값을 올리고 업계 최고의 엔지니어가 되고 싶다.

링크드인에는 벌써 많은 스타트업 기업들이 하루에 2, 3개씩 메시지를 보내온다. 처음에는 신기하고 뿌듯한 마음으로 일일이 답을 했지만, 하루 2, 3개의 메시지에 답하는 것은 쉬운 일이 아니었다.

브라이언이 몸담고 있는 회사가 투자를 받는 데 실패했다는 기사라도 뜨는 날이면, 하루에 수십 개의 메시지가 날아온다. 혹시 회사를 떠나고 싶다는 생각이 들면 바로 낚아채기 위해서 리쿠르터들이 기다리고 있는 것이다. 그는 몇 달이 지나지 않아 이런 메시지에 답하는 것을 포기해버렸다.

지금의 회사는 브라이언의 커리어에 인공지능을 활용한 앱을 만들었다는 경력을 더하기에 더없이 좋은 곳이다. 실리콘밸리에서 인공지능을 활용하는 프로젝트를 찾기는 쉽지 않다. 인공지능은 아직 자율주행이나 스마트 스피커 등이 아니면 활용처가 많지 않기 때문이다.

실리콘밸리의 회사들은 각자 자신의 프로덕트와 미션을 이루는 데에만 집중한다. 페이스북은 친구들을 연결하는 데 집중하고, 에어비앤비는 세계 어디를 가도 자신의 집처럼 느끼게 하는 데 집중한다. 우버는 수돗물을 트는 것처럼 쉽게 교통수단을 활용할 수 있도록 하는 미션에 집중한다. 즉 실리콘밸리의 회사들은 자기의 미션을 이루는 데 필요한 기술만 활용하는 것이다. 그래서 인공지능과 블록체인 등 신기술을 활용할 곳을 찾으려면 스타트업이 아니고는 쉽지 않다.

브라이언은 아마도 몇 년 정도는 지금의 회사에 있겠지만, 그다음에는 어디로 갈지 잘 모르겠다. 다음 단계로는 구글에 가서 세계에서 가장 많은 데이터를 원 없이 활용하면서 인공지능을 구현해보는 것이 괜찮은 행보일 것 같다. 그러고는 아마 다시 스타트업으로 돌아와서 세상을 바꾸는 어떤 프로젝트에 동참하지 않을까?

브라이언은 잘리지 않기 위해 일하지 않는다. 월급을 받기 위해, 또는 해고되지 않기 위해서 일하면 최선을 다하기보다는, 최소한으로 일을 하고 최대한으로 돈을 받는 것이 목표가 되기 마련이다.

브라이언은 자신의 커리어를 성장시키기 위해 일한다. 자신의 커리어를 위해 일하는 사람은 지금의 직장을 떠날 확률도 크지만, 항상 자신의 역할에 최선을 다할 것이다. 프로 축구선수가 일류 팀에서 뛰고 싶으면 현재의 작은 팀에서 최선을 다해 에이스가 되는 것이 첫 단계인 것처럼, 지금 회사에서 최선을 다해야 그것이 미래의 커리어에도 초석이 될 것이기 때문이다.

회사도 브라이언을 프로로 대한다. 브라이언이 자신의 커리어를 위해 일하는 것을 잘 알고 있기 때문에 무한한 자유를 준다. 정당한 연봉을 주고 그의 기여를 활용해 회사 도약의 계기로 삼는다. 회사도 그의 성장에 도움을 주기 위해 노력하므로, 자연히 서로 윈윈이라는 생각을 하게 된다.

회사가 위축되거나, 또는 회사에서 브라이언의 성과가 더이상 필요 없게 되어 해고된다면 마음이 아프긴 하겠지만, 또 하나의 기회이자 시험이 될 것이다. 물론 운이 없어 취업이 안 되면 실리콘밸리를 떠날 생각도 하고 있다. 요즘은 텍사스의 어스틴이나 워싱턴주의 시애틀에도 테크 기업이 많이 생겨서, 실리콘밸리의 미친 듯한 집값을 피해 여유로운 삶을 살 수 있는 도시로 이주하는 것도 나쁘지 않다는 생각이 든다.

브라이언은 항상 소통하면서 어떻게 하면 우리의 프로젝트가 그 미션을 실현하는 데 기여하게 될까를 생각한다. 팀에서 함께 고민하고 토론하는 시간은 코딩 시간보다 짧지만, 더 중요하다. 팀이 결정을 어떻게 내리느냐에 따라 코딩 시간의 가치는 달라지기 때문이다. 신중하게 고민하지 않고 만든 코드는 나중에 고치기도 힘들다. 무엇보다 코드를 일단 써놓으면 아까워서라도 변화에 수동적이 되어버린다.

그래서 브라이언은 하루의 많은 부분을 소통으로 채운다. 항상 고민하고 대화하는 과정에서 미처 보지 못한 것을 발견하기도 하고, 팀 전체의 코드가 더 좋은 방향으로 가도록 노력한다.

매일 아침에 하는 데일리 스크럼은 그 소통의 시작점이 되곤 한다. 엔지니어들은 코드를 쓰는 데 집중하다가 큰 그림을 놓치기 쉽다. 그런데 매일 아침의 스크럼 미팅은 짧게 각자의 프로젝트가 어떤 방향으로 가고 있는지, 그것이 큰 그림을 어떻게 완성해가고 있는지 이야기하고 확인하는 자리가 된다. 스크럼 미팅에서 토론의 여지가 생기면 이후 관련된 사람들끼리 긴 토론을 시작하는데, 이는 새로운 발전의 토대가 되곤 한다.

실리콘밸리의 인재인 브라이언에게 생길 수 있는 가장 좋은 일은 이직이다. 이 회사의 경력을 바탕으로 더 좋은 조건으로 더 좋은 회사에 가는 것이다. 가장 안 좋은 일은 업계에서 도태되는 것이다. 이 회사에서 안전하고 익숙한 일만 하다가 더 이상 성장하지 못하면, 다른 회사에 취업이 어려워진다. 그래서 그는 새로운 프로젝트를 계속 시도하고 배우며 경험을 쌓고 성장하기 위해 노력한다.

브라이언은 윗사람이 원하는 것을 들어주면 좋겠지만, 그것보다는 자신의 전문성과 커리어를 쌓는 것이 먼저라고 생각한다. 윗사람이 원한다고 해서 재미도 없고 배우는 것도 없는 일을 반복적으로 하는 것은 엄청난 손실이다. 그렇게 일하다 보면 몇 년 후 커리어는 엉망이 되어 있을 것이고, 새로운 회사에서 더 이상 그를 찾지 않을 것이며, 그러면 지금의 회사에 갇혀버리게 될 것이고, 이처럼 새로운 기술을 익히지 못한 상태에서 정리해고라도 당하면 삶이 위험해질 수 있다.

그래서 브라이언은 윗사람의 말보다 업계의 흐름과 전문가로서 업계의 평판이 훨씬 더 중요하다. 윗사람이 뭐라고 하든 세상을 바꾸는 프로젝트를 하면서 많은 것을 배우는 것이 더 중요할 수밖에 없다. 그가 세상을 바꾸겠다는 허황된 꿈을 좇아서 그런 것이 아니다.

만약 세상을 바꾸겠다는 꿈을 좇으며 새로운 프로젝트에 도전하지 않고 안주한다면, 몇 년 후 다른 회사에서 새로운 기회가 오지 않을 것이 뻔하기 때문이다. 그래서 그는 윗사람들의 눈치를 보지 않고 혁신을 통해 커리어를 만들어나가는 데 시간을 투자한다.

만남 역할조직의 인재 선발 원칙

열심히 하는 사람이 아니라, 직무에 맞는 사람을 뽑는다

"당신은 우리 회사에 어떻게 기여할 생각인가요?"

이런 질문을 받으면 위계조직에 익숙한 사람들은 이렇게 대답한다.

"나의 모든 역량을 다해 배우고 헌신하면서 조직에 충성하고 기여하겠다."

하지만 이런 대답은 역할조직의 면접을 볼 때는 너무나 이상한 대답이 된다.

"이 문제 어떻게 풀 거야?"

"잘."

이런 대화처럼 아무런 내용이 없는 것으로 여겨지는 것이다.

역할조직에서는 앞의 질문에 대답하려면 먼저 직무에 대한 명확한 정의가 필요하다. 그래서 직무기술서job description를 제대로 쓰는 것이 매우 중요하다. 직무기술서에는 지원자가 어떠한 직무를 해야 하는지에 대한 기대사항이 자세히 나와 있고, 지원자는 자신의 능력을 이용해서 그것을 어떻게 해낼 것인지 이야기할 수 있어야 한다.

"저는 엔지니어로서 5년의 경력을 가지고 있습니다. 그동안 결제 시스템을 만들고 세계적인 스케일의 소프트웨어 프로덕트를 여러 번 런칭해보았습니다. 지금 이 회사는 결제 시스템을 처음부터 만들어야 합니다. 결제 시스템을 처음부터 끝까지 만들어본 제 경험에 따르면, 먼저 아마존 웹 서비스를 이용하여 클라우드상에 여러 개의 서비스를 만들어 마이크로 서비스 아키텍처를 도입하는 것이 필요합니다. 그리고 쿠버네티스Kubernetes와 도커Docker 소스를 이용하여 서비스 디플로이 프로세스를 표준화하고……."

이런 식으로 자신이 회사에서 어떤 역할을 할지 자세하고 구체적으로 이야기해야 한다. 그러려면 지원하는 회사 및 직무에 대한 이해가 필수적이다. 또한 회사 입장에서도 직무기술서를 실용적이고 자세하게 써서 필요한 스킬을 알려주는 것이 중요하다(물론 위계조직은 말 잘 듣고 똑똑하고 인상 좋고 성실한 사람이 필요하며, 직무기술서의 내용은 그리 중요하게 생각지 않는다).

축구팀에 비유하면, 위계조직형 축구팀은 축구를 잘하는 순서로 1등부터 11등까지 뽑아 가장 잘하는 이에게 스트라이커, 제일 못하는 이에게 골키퍼를 맡기는 식이다.

하지만 역할조직은 각 포지션별로 따로 선수를 선발한다. 수비수를 뽑는 자리에는 세계 최고의 스트라이커나 성실한 미드필더가 와도 소용이 없다. 수비수는 수비를 어떻게 잘하는지를 입증하면 된다. 이것은 부모님의 직업이나 외모, 성적 지향, 종교 등과도 무관하다.

역할에 딱 맞는 인재를 선발하려면 직무를 얼마나 잘 이해하고 있고, 그것을 수행하기 위한 기술을 얼마나 가지고 있는지가 중요하다. 그래서 나이, 성별, 혈액형, 가족사항, 인종, 종교, 성적 지향 등은 전혀 묻거나 고려할 필요가 없다.

위계조직에서는 서열에 따라 상명하복을 잘하는 사람을 선발하기 위해 군대에 다녀온 젊은 남성을 선호하는 일도 있다. 하지만 역할조직에서는 그런 선발기준이 아무 의미가 없다. 새로 들어온 사람이 자기 역할만 잘하면 되지, 자기보다 어리거나 남성일 필요도 없으며 기독교인일 필요도 없고 동성애자가 아닐 필요도 없으며 집이 부자일 필요도 없다. 어떠한 배경을 가지고 있는지, 배우려는 자세가 있는지, 말을 잘 듣는지는 별로 중요하지 않다. 대신 역할조직의 사람이 자기 역할을 제대로 하지 못하면 큰 문제가 생긴다.

축구팀에서 동료 수비수를 뽑을 때, 나보다 잘하는 사람을 뽑아야 내 수비 부담이 줄어들고 팀 성적도 좋아진다. 잘난 사람이 너무 많이 들어와서 내가 밀리면 어떻게 해야 할까? 그러면 다른 팀에 가면 된다. 위계조직에서는 지금까지 나의 성장에 투자해준 팀을 버리고 다른 팀에 가는 것이 부담스러운 일이지만, 언제든 멤버를 교체할 수 있는 역할조직에서는 그것이 자연스러운 일이다.

역할조직은 일반적인 똑똑한 사람이 아니라 역할에 딱 맞는 사람을 뽑아야 하며, 그러려면 공채를 없애고 획일적인 평가를 지양해야 한다. 잘하는 축구선수를 뽑으려면 일률적으로 체력, 슈팅, 수비 시험을 보면 되지만, '왼쪽 윙백 수비수'와 같은 특정한 역할의 선수를 뽑으려면 평가 항목이 완전히 달라진다. 이 경우 시험을 만들기보다는, 실제로 왼쪽 윙백 수비 경험이 많은 이가 그 선수와 시간을 함께 보내며 필요한 여러 시험을 치르게 하는 것이 훨씬 의미가 있다. 그래서 역할조직에서는 한 지원자를 대상으로 하루종일 같이 일할 사람, 관련 직무에 있는 여러 사람이 면접을 본다. 모두가 회사가 필요한 직무에 맞는 사람이라는 결론을 내려야 지원자에게 오퍼 레터를 제공하게 된다.

미래가 아닌, 현재를 보고 뽑는다

우리나라에서는 신입사원 공채가 인재 영입의 주요 방법이다. 공부를 잘하고 영어를 잘하고 컴퓨터도 할 줄 아는 최고의 인재를 선발하여 교육을 시키면서 회사에 필요한 인재로 키워나간다. 그렇게 키워진 인재들은 엔지니어, 인사팀, 전략팀, 영업팀 등 회사의 주요 직무를 두루 경험한다. 전문성을 갖추기는 힘들지만, 회사에서 언제든 어느 자리에든 쓸 수 있는 인재로 키워진다.

한 회사에서 이렇게 키워진 사람들은 다른 회사에 가기 쉽지 않다. 전문영역이 없고 현재의 회사에 맞추어 성장했기에, 다른 회사에 가면 새로운 시스템에 맞추어 재교육을 받아야 한다. 한편 그동안 아무것도 몰랐던 신입사원을 성장시키기 위해 많은 투자를 해온 기업 입장에서는 이제 쓸 만해졌는데 다른 회사로 도망가버린 배신자가 되어버린다.

하지만 역할조직은 상시 채용을 하고, 전문가 각자의 영역이 뚜렷하게 있기에 그러한 낭비가 일어나지 않는다.

역할조직은 미래의 가능성을 보고 사람을 선발하지 않는다. 새로 뽑는 직원이 지금 회사에 필요한 역할을 할 수 있는가를 판단한다.

위계조직에서는 대학을 갓 졸업한 신입사원을 아무것도 모르는 사회 초년생으로 본다. 하지만 그들은 아무것도 모르는 사회 초년생이 아니다. 마케터, 인사 담당, 엔지니어, 디자이너 등 각 전문 분야에서 아직 수준이 낮긴 하지만 전문 직원이다. 하지만 그런 직원이라도 그에 맞는 전문적인 일을 할 수 있어야 한다. 다시 말해 주니어 엔지니어는 버그를 고칠 수 있고 명확히 정의된 일에 대해 코드를 쓸 수 있어야 한다. 쓸모없는 엔지니어가 아니라 역량의 크기가 시니어 엔지니어에 비해 적은 엔지니어이며 보상도 그만큼 적게 주어진다.

주니어든 시니어든, 전문가들은 쉽게 다른 회사로 옮길 수 있다. 그래서 지금 회사에서 내 자리가 별로 필요가 없다고 생각하면 바로 다른 회사에 이직할 수 있다. 그 과정을 통해 인력이 남는 회사는 인재가 빠져나가고, 인력이 부족한 회사에는 자연스럽게 충원된다. 그리고 전문가들이 하는 일은 어느 회사나 비슷하기에, 다른 회사에도 쉽게 적응할 수 있게 된다.

회사에서 주니어로 입사하여 수년간 시니어로 성장한 전문가가 다른 회사로 가버리면 그 빈자리는 어떻게 채워야 할까? 간단하다. 다른 회사 근무자, 또는 구직 중인 시니어 전문가를 데리고 오면 된다. 떠나는 사람도 다른 기회나 더 재미있는 프로젝트를 찾아 쉽게 떠날 수 있고, 회사 입장에서도 쉽게 대체할 수 있기에 떠나는 것을 아쉬워하거나 분노할 필요가 없다.

순환보직과 연공서열이 아니라 전문가 문화와 기여주의 보상이 자리를 잡고 회사 간 이동이 활발해지면, 회사는 더 이상 젊은 직원들을 자기 회사에 맞춰 성장시킬 필요가 없어진다. 언제든 각 전문영역별로 필요한 인재를 채용하면 되고, 전문직 직원들도 자신이 필요없어지면 자연스럽게 더 좋은 조건과 도전을 찾아 떠나면 된다.

그래서 실리콘밸리 회사들은 인턴십 정도를 제외하면, 젊은 직원들의 미래를 보고 투자하지 않는다. 항상 새로 올 전문가의 능력이 지금 회사의 필요를 충족시켜줄 수 있는지를 묻는다. 그리고 그들이 기여한 만큼 정당한 보상을 제공한다. 작은 기여에는 작은 보상을, 큰 기여에는 큰 보상을 제공한다. 역할조직의 프로페셔널에게 성장은 개인의 문제이고, 회사는 성장을 위해 도움이 되는 자원을 제공할 뿐, 학교나 위계조직처럼 특정한 방향으로 성장하도록 교육 프로그램을 만들어주지는 않는다.

역할조직에서는 위계조직에서 흔히 강조되듯, 성실한 마음과 배우는 자세로 최선을 다하는 것이 별로 유용하지 않다. 반면 자신이 무엇을 할 줄 아는지 정확히 소통하고, 어떤 방식으로 어떤 기여를 할 수 있는지를 알리는 것이 중요하다. 그래서 역할조직에서는 내가 지금 무엇을 잘하는 사람인지 나타내주는 '코드 리뷰를 최고로 잘하는 엔지니어', '스마트폰 전문 디자이너', '코드를 빨리 쓰는 엔지니어', '최신 기술을 잘 아는 엔지니어', '설계를 잘하는 엔지니어' 등의 개인 브랜딩이 중요하다.

기여 기여주의의 인사평가
근무연수와 직급은 관계가 없다

역할조직은 어떻게 짜여 있는가?

역할조직에서는 각 팀원이 자신의 전문성에 비추어 잘할 수 있는 것을 해서 목표를 이루어간다. 이를테면 어떤 엔지니어는 리더십이 있어서 팀을 잘 이끌고, 어떤 엔지니어는 전반적인 설계를 잘하며, 어떤 엔지니어는 코드를 빨리 짤 수 있고, 어떤 엔지니어는 코드 리뷰를 잘한다. 팀원들은 각각의 장점과 하고 싶은 일에 따라 프로젝트에 기여한다. 물론 한 사람이 코드를 다 짤 수는 없고, 다들 하기 싫어 하는 일도 있다. 팀원들은 그런 일을 맡는 사람을 고마워하고 높게 평가한다.

역할조직에서 엔지니어링 레벨은 엔지니어 전문 분야의 역량을 뜻하고 그 역량만큼 연봉을 받는다. 각 레벨에 따라 연봉이 다른데, 연차에 따라 연봉이 오르지는 않으며, 레벨이 반드시 의사결정권의 크기에 비례하지는 않는다.

구글, 페이스북, 에어비앤비 등 실리콘밸리의 IT기업들은 대부분 비슷한 엔지니어 레벨 시스템을 가지고 있다. 대개 입문 단계entry level로 대학을 졸업한 신입에 해당하는 레벨3에서부터 시작한다. 레벨4는 경력 3, 4년 정도나 박사 학위자 정도에 해당하고, 레벨5는 시니어 엔지니어로 가장 중추적인 역할을 한다.

레벨6부터는 '스태프 엔지니어'라고 부르며 특별한 재능이 있거나 경험이 많은 엔지니어이다. 평생 레벨6 엔지니어가 되지 못한 채 은퇴할 수도 있다. 레벨7, 8 엔지니어는 매우 적어서 상위 1% 정도에 해당되며, 특히 레벨8 엔지니어는 매우 드물다.

레벨5 엔지니어는 레벨0 엔지니어링 매니저로 전환할 수 있다. 레벨0 매니저는 상황에 따라 다르지만 보통 다섯 명 이하의 엔지니어들을 관리하며, 엔지니어들과 1:1 미팅을 통해 문제점들을 해결해주고 인사평가를 통해 피드백을 제공한다.

레벨6 엔지니어는 레벨1 엔지니어링 매니저로 전환할 수 있다. 레벨1 매니저는 작은 스타트업을 운영하는 것과 비슷한 일을 한다. 20명 정도의 엔지니어들을 2, 3개의 팀으로 나누어 운영하며 새로운 프로젝트들에 대한 고민을 하기 시작하는 단계이다.

레벨2 매니저는 회사의 미션에 따라 100명 정도 되는 팀의 조직을 정하고 팀의 미션을 만들어간다. 그다음으로 레벨8 엔지니어에 해당하는 D1, 즉 레벨1 디렉터는 회사 전체의 엔지니어링/프로덕트의 방향을 결정하는 데 참여한다.

각 레벨에서 다음 레벨로 승진하는 방법은 간단하다. 다음 레벨에 해당하는 성과를 6개월에서 1년 정도 보여주면 된다. 즉 현재 레벨4 엔지니어 중에 이미 레벨5 엔지니어로 활동하는 사람은 레벨5로 인정해주고, 레벨4의 책무만을 하고 있으면 계속 그 레벨에 머무는 것이다. 물론 은퇴할 때까지 레벨4에 머물러도 누구도 이상해하거나 한심하게 보지 않는다.

역할조직 단계의 예

소프트웨어 엔지니어 단계		소프트웨어 엔지니어링 매니저 단계	
L3 (Junior Engineer)	대학을 갓 졸업한 신입에 해당하는 입문 단계		
L4	경력 3, 4년, 또는 박사 학위자 정도에 해당		
L5 (Senior Engineer)	가장 중추적인 역할을 하는 엔지니어	M0	매니저 수습생 정도. 보통 5명 이하의 엔지니어들을 매니지하며, 1:1 미팅을 통해 문제점을 해결하고 인사평가를 통해 피드백을 제공한다 .
L6 (Staff Engineer)	특별한 재능이 있거나 경험이 많은 엔지니어	M1	작은 스타트업을 운영하는 것과 비슷. 20명 정도의 엔지니어들을 2, 3개 팀 으로 나누어 운영, 새로운 프로젝트들에 대한 고민을 시작하는 단계
L7 (Principal Engineer)	상위 1%에 해당되며 여러 엔지니어링 분야의 전문가. 큰 프로젝트들을 제안하고 이끌 수 있다.	M2	변화에 빠르게 대처, 1년 이상 미래를 계획
L8	소프트웨어 산업 전반의 전문가로 극히 드물다. 회사 전체의 혁신을 이끄는 프로젝트를 제안하고 이끈다.	M3 (Director)	회사의 미션에 맞추어 100명 정도 되는 팀의 조직을 정하고, 팀의 미션을 만들어 간다. 회사 전체의 엔지니어링/프로덕트의 방향을 결정하는 데 참여한다.

매니저로 전환하는 방법도 마찬가지이다. 엔지니어 역할을 하면서도 매니저 역할을 반 년 이상 하면 매니저로 타이틀을 바꿀 수 있다. "오늘부터 매니저니까 어제와는 다르게 매니저 역할을 하세요"라는 경우는 없다. 이미 하고 있는 역할에 맞도록 타이틀직함을 조정하는 것이 승진 또는 매니저로의 역할 변경이다.

개인적으로 '매니저의 매니저의 매니저'인 디렉터급 리더에게 면담을 요청해서 팀 내 문화와 다양성, 그리고 개인적 커리어 성장에 대해 물었을 때, 그가 적극적으로 시간을 내어 면담에 임하는 모습이 인상적이었다. 그런데 M3의 역할을 읽어보니, 그가 왜 그렇게 적극적으로 면담에 임했는지 이해가 갔다. 디렉터의 임무는 전체 조직의 다양성과 문화를 개선하는 것이고 각 엔지니어들의 성장을 돕는 것이기에, 내 면담 요청은 불만에 대한 소원수리가 아니라 오히려 그의 일을 돕는 것으로 인식되었던 것이다.

인사평가, 이렇게 다르다

인사평가에서도 차이가 있다. 위계조직에서는 위에서 결정권을 갖고, 결정한 일을 시키면 빠른 시간 내에 완벽에 가깝게 해내는 사람이 최고의 인재이기에 다음과 같은 질문을 던진다.

반면 역할조직에서는 각자가 결정권자이고 전문가이며, 각자가 자신만의 창의적인 방법으로 미션을 실행해내기를 원하기에 다음과 같은 질문을 던진다.

위계조직: 당신은 시키는 일을 얼마나 잘, 많이, 빨리 수행했습니까?

역할조직: 당신은 우리의 미션을 위해서 어떻게 기여했습니까?

실리콘밸리에서는 많은 회사들이 1년에 두 번 인사평가를 한다. 우선 자신에 대한 평가, 즉 지난 6개월간 어떤 일을 했는지, 보완하고 싶은 점은 어떤 점인지를 자세히 쓴다. 내가 일하고 있는 회사에서는 다음과 같은 질문을 한다.

자신에 대한 평가양식

무엇을 하였습니까?_What

1. 가장 자랑스러운 업적 2, 3개는 무엇입니까?
2. 당신은 레벨에 비추어 지난 6개월을 어떻게 평가하겠습니까? 5단계로 평가
3. 당신의 일이 팀의 성공에 어떻게 기여했나요? 5단계로 평가

어떻게 하였습니까?_How

1. 우리 회사의 핵심 가치관 중에 가장 잘 실천한 것은 무엇입니까?
2. 우리 회사의 핵심 가치관 중 더 잘 실천해야 할 것은 무엇입니까?

어떻게 성장할 계획입니까?_Growth

1. 당신은 어떤 강점을 가지고 있습니까?
2. 다음 6개월 동안에 반드시 이루거나 성장하고 싶은 영역을 한 가지만 고르면 어떤 것인가요?

각 질문에 대한 대답은 다음 중에 선택한다.

–기대에 못 미침 Does not meet expectations

–일부 기대에 부응함 Meets some expectations

–모든 기대에 부응함 Meets All Expectations

–기대 이상의 성과를 보임 Exceeds Expectations

–기대를 매우 크게 초과 달성함 Greatly Exceeds Expectations

자체 평가를 마치고 나면 그 내용이 회사 전체에 공개되며, 매니저 포함 5명 내외로 리뷰를 해줄 사람을 선택하게 된다. 대부분 같은 팀원과 더불어 2, 3명의 외부 팀원을 포함하는데, 외부 팀과 많은 일을 하지 않는 주니어 직원의 경우 내부 팀원들만 선택하기도 한다. 그러나 외부 팀원으로부터 좋은 평가를 받으면, 나의 기여도가 소속 팀을 넘어설 정도로 크다는 것을 보여주기 때문에 레벨5 이상으로의 승진에 중요한 변수가 된다.

선택한 결과는 매니저의 승인을 거친다. 매니저는 몇 가지 기준을 가지고 평가받을 사람의 선택에 대해 조언한다.

1. 친한 사람들이나 유리한 사람들만 평가자로 선택하지 않는다.
2. 갈등이 있는 사람들을 배제하지 않는다.
3. 한 사람이 리뷰를 너무 많이 쓰지 않도록 배려하기 위해 평가받을 사람을 최소화한다.

매니저와 협의 후 평가받을 사람을 확정하면 그에게 평가 요청이 전달

된다. 또한 나도 평가할 동료들의 명단을 받게 된다. 동료 평가에는 다음과 같은 질문을 한다.

동료를 위한 평가양식

무엇을 하였습니까?_What

1. 평가 대상자와 밀접하게 일한 1, 2개의 프로젝트는 무엇입니까?
2. 질과 양 모든 측면에서 평가 대상자는 프로젝트에 어떻게 기여하였습니까? 5단계 평가
3. 대상자가 팀의 성공에 얼마만큼 기여했나요? 5단계 평가

어떻게 하였습니까?_How

1. 우리 회사의 핵심 가치관 중에 가장 잘 실천한 것은 무엇입니까?
2. 우리 회사의 핵심 가치관 중 더 잘 실천해야 할 것은 무엇입니까?

어떻게 성장할 계획입니까?_Growth

1. 평가 대상자는 어떤 강점을 가지고 있습니까?
2. 다음 6개월 동안에 평가 대상자가 더 큰 기여를 하기 위해 성장할 영역을 한 가지만 고르면 어떤 것인가요?

평가결과와 피드백

응답들은 평가 대상자의 매니저에게 전달된다. 매니저는 동료들의 여러

의견들을 모아 보고서와 최종 평가서를 작성하며, 모든 결과는 매니저와의 1:1 미팅을 통해 구두와 문서로 당사자에게 자세히 전달된다. 피드백의 결과는 앞으로 회사 내의 커리어, 즉 승진이나 해고에 매우 중요한 기초자료가 된다. 피드백을 받는 것은 언제나 긴장되는 일이지만, 혼나거나 경고를 받는 자리가 아니라 객관적인 평가를 들어보는 자리이므로 별로 긴장할 이유는 없다.

최종 평가도 기대치에 비추어 얼마나 좋은 기여를 했는지에 따라 5단계로 평가한다. 대부분 '모든 기대에 부응함'을 받게 된다. '일부 기대에 부응함'을 받을 경우 이는 경고에 해당하며, 드물게 '기대에 못 미침'을 받는 경우에는 마지막 기회인 수행개선계획PIP에 따라 주어진 프로젝트를 3개월간 어떻게 수행하는지, 엔지니어링 매니저와 인사팀 매니저가 평가하게 된다. 3개월의 PIP 기간에도 기대에 비해 나아지지 않으면 회사에서 해고하게 된다.

해고는 회사의 경영성과가 좋지 않거나 프로젝트가 없어지는 경우의 '작업량 부족에 따른 정리해고layoff', 그리고 개인성과가 안 좋아서 수행개선계획을 거쳐서 해고되는 경우가 있다. 전자는 나의 성과와 크게 관계없이 회사 실적에 따른 해고이므로 공포의 대상이 될 수도 있다. 하지만 현재 실리콘밸리에는 인재가 워낙 부족하기 때문에 정리해고를 당하면 수많은 회사가 채용 면접을 하려고 줄을 설 정도이다. 해고 시에는 2~4개월치의 월급도 한 번에 주기 때문에, 오히려 다른 회사와 협상하여 연봉도 높이고 새로운 도전을 하는 성장의 기회로 생각하는 사람도 많다.

'기대 이상의 성과를 보임'을 두 번 정도 받으면 다음 레벨로 승진하게 된다. 즉 승진을 위해서는 이미 다음 레벨에 해당하는 성과를 1년 정도 보여야 하므로 역할이 바뀐다고 보기는 어렵다. 승진 시에는 연봉이 조금 더 큰 폭으로 오르는데, 일반적으로 대략 1년에 0~10% 정도 오른다. 사내에서는 좀처럼 연봉을 크게 올리기 어려우며, 연봉을 크게 높이려면 이직이 가장 좋은 방법이다. 그래서 실리콘밸리에서는 많은 이들이 2, 3년에 한 번씩 이직을 통해 자신의 시장가치를 재평가받으려 한다.

위도 아래도 없는 매니저에 대한 평가

위도 아래도 없는 360도 평가에서 중요한 부분 중 하나는 매니저에 대한 평가이다. 위계조직에서는 윗사람이 일방적으로 아랫사람을 평가하기 때문에, 매니저에 대한 평가는 의미가 없거나 어색할 수 있다. 매니저의 권위가 절대적이므로, 그에 대한 평가는 권위를 실추시켜 팀을 어렵게 만들 수도 있는 것이다.

반면 역할조직에서는 매니저도 다른 동료들과 같은 형식으로 평가한다. 모든 사람은 역할이 다를 뿐 평등한 프로이기에, 매니저 역시 그 역할을 프로답게 수행하도록 돕는 사람으로 본다. 매니저는 '윗사람'이 아니라 '역할이 매니저인 동료'이기 때문에 그에 대한 평가도 논란거리가 되지 않으며, 오히려 매니저 자신이 자신의 매니저 스킬을 평가받고 향상시킬 수 있는 매우 가치 있는 피드백으로 생각한다. 또한 매니저의 매니저가 그를 평가하고 승진시키는 데에 중요한 뒷받침 자료가 되기 때문에, 반드시 있어야 하는 과정이다. 매니저에 대한 평가가 없을 경우 그의 실수를 고치기가 매우 어려워진다.

매니저들이 흔히 하는 실수는 다음과 같다.

- 팀원들과 상의 없이 독단적인 결정을 한다.
- 자신이 정보를 다 가지고 나누어주지 않아 정보의 병목 현상을 만든다.
- 자신이 선호하는 팀원들만 승진시키려고 노력한다.
- 모든 사람의 장점을 활용하기보다 자신이 선호하는 능력만을 강조한다.

매니저가 이처럼 잘못된 매니지먼트 활동을 할 경우, 위아래가 없는 360도 평가를 통한 피드백으로 바로잡아 회사와 팀을 위해 더 좋은 매니저가 되도록 유도한다. 그렇게 하지 않으면 치러야 할 비용이 매우 크므로 매니저에 대한 평가는 가치가 매우 높다.

회사에서 가장 큰 자산이자 비용은 바로 인재이다. 특히 설비비가 많이 들어가지 않는 소프트웨어 영역에서는 더욱 그렇다. 소프트웨어 회사에서는 인재의 수준이 곧 그 회사의 모든 것을 결정한다고 해도 과언이 아니다. 그래서 좋은 인재를 찾아 적재적소에 배치하고, 큰 기여를 한 직원에게는 더 큰 보상을 주고, 기여하지 못한 직원은 정확한 피드백을 제공하여 기여도를 개선할 수 있도록 하는 것이 실리콘밸리 회사에서 가장 중요한 일 중 하나이다.

잔인할 정도로 솔직한 피드백의 힘

하나를 가르치면 열을 안다 vs. 추정하지 마라

위계조직에서는 명령을 수행하면 되므로, 이른바 '척하면 척'하는, 즉 마음이 잘 통하고 아무렇게나 말해도 행간을 읽어 윗사람의 의중을 잘 파악하는 사람이 필요하다. 그래서 윗사람이 한마디만 해도 눈치 빠르게 열 가지를 해낼 수 있는 사람이 최고의 직원이다. 물론 그 열 가지는 모두 윗사람의 마음에 들어야 한다. 그래서 위계조직의 직원들은 최대한 안전한 방법으로 윗사람의 한마디를 확대 해석해야 한다.

반면 역할조직에서 절대 하면 안 되는 일 중 하나가 '하나를 가르쳐 주면 열을 아는 사람'이 되는 것이다. 모두가 결정권자이고, 모든 정보가 공유되지 않으면 큰 오해가 생길 수 있으며 잘못된 결정을 할 수 있기 때문이다.

오해에서 비롯해 잘못된 의사결정을 했을 경우 위계조직에서는 윗사람이 바로잡아주면 되지만, 역할조직에서는 다시 처음부터 정보를 공유하고 토론해야 한다. 그러므로 "하나를 가르쳐주면 열을 안다"라는 것은 한마디를 했는데 아홉 가지의 오해를 할 수 있다는 뜻이다. 조직 입장에서는 투명하게 소통하지 않는 위험천만한 사람이 되어버린다. 그래서 실리콘밸리에서 중요하게 사용되는 말 중에 하나가 "No assumptions"이다. 즉 아무것도 짐작하지 말고 하나하나 다 물어보라는 것이다.

디자인이 별로인 것 같은데 vs. 구체적인 피드백

한 직원이 디자인을 제안했는데 사장이 이렇게 말했다고 하자.

사장: 그 디자인은 좀 별로인 것 같은데요.

위계조직, 특히 말보다 마음이 통해야 하는 우리나라 기업문화에서는 사장이나 상사로부터 이런 말을 들으면 알아서 해석하여 수정할 수 있어야 한다. 그렇지만 어떻게 해야 고칠 수 있을지 막막하다. 그저 눈치껏 사장의 취향을 파악해서 해야 하는 것이다. 이는 엄청난 낭비이고, 그 직원은 시장의 디자인 트렌드나 고객의 취향보다는 사장의 의중을 살피는 데 시간을 낭비해야 한다.

반면 역할조직에서는 이렇게 대화가 진행될 것이다.

사장: 그 디자인은 좀 별로인 것 같은데요.

디자이너: 어디에 문제가 있다고 생각하세요?

사장: 색감이 올해의 대세인 파스텔톤에서 벗어나 있고, 형태도 좀 더 둥글고 친숙한 것이면 좋지 않을까요?

디자이너: 색감에 대한 의견은 일리가 있는 것 같네요. 형태는 의견을 참고하여 결정해보겠습니다. 피드백 감사합니다.

역할조직, 즉 '열을 알려주려면 열 번의 소통'이 필요한 환경에서는 이처럼 정확한 피드백이 가능하다. 물론 역할조직에서는 디자인에 관한 한 디자이너가 최종 결정권자이기 때문에 사장의 최종 동의를 구할 필요는 없다. 하지만 사장이나 다른 직원들이 구체적인 피드백을 한다면 디자인을 더 발전시킬 수 있는 효율적인 제안이 될 수 있다.

일을 통해서 도제식으로 교육하는 경우, 하나를 가르쳐주면 열을 아는 자세가 윗사람의 시간을 아껴줄 수 있다. 물론 하나를 배워 열을 알아야 하는 아랫사람에게는 매우 비효율적인 과정이고 스트레스를 많이 받을 수 있지만 말이다.

그렇지만 역할조직에서는 각자가 전문가이기 때문에 도제식의 상하관계가 아니라, 서로 도우며 멘토링을 해주는 관계가 된다. 교육 역시 위아래가 아닌 평등한 관계에서 지식만을 전달해주는 과정이 된다. 지식을 전달할 때에는 정확한 정보의 전달이 매우 중요하다. '하나를 가르쳐주고 열을 알라'고 하는 것은, 말하지도 않은 것을 마음대로 생각하라는 위험한 주문인 것이다.

위계조직의 교육 vs. 역할조직의 교육

위계조직은 교육 프로그램을 통해 회사가 원하는 인재상으로 직원을 성장시켜나가는 데에 초점을 둔다. 신입사원을 회사의 가치관과 시스템에 맞는 사람으로 변화시키고, 승진한 사람은 회사가 필요로 하는 리더로 변모시키기 위해 리더십 교육을 시킨다. 하지만 이미 직원들을 전문가로 대하는 역할조직에서는 개인의 커리어와 성장은 개인의 문제이지 회사의 문제가 아니다.

역할조직에는 크게 두 가지 교육 프로그램이 있다. 하나는 성차별 방지, 뇌물 수수 방지 등 반드시 지켜야 하는 일에 대한 교육으로, 이는 주로 법적으로 강제되는 교육이다. 또 다른 하나는 직원들의 성장을 돕는 수많은 교육 프로그램이다. 이는 직원들을 한 방향으로 성장시키는 것이 아니라, 개인이 어떠한 성장을 원할 때 그에 필요한 교육자원을 제공하는 역할을 한다.

역할조직에서는 연공서열에 따라 승진을 통해서 리더가 되는 것이 아니라, 스스로 리더가 되고 싶은 사람이 된다. 리더십 교육을 받고 싶은 사람만 관련 교육 과목을 수강한다. 원래부터 탁월한 리더십을 가지고 전문가로 입사한 사람은 굳이 리더십 강의를 들을 필요가 없다. 또한 더 좋은 엔지니어가 되고 싶은 사람은 엔지니어 기술 강의를, 더 좋은 디자이너가 되고 싶은 사람은 디자이너 관련 강의를 수강한다.

역할조직의
엄정한 규율

축구선수 메시가 최고의 성과를 유지하는 세 가지 이유

역할조직은 실패를 용인하고 안전을 지향하지 않도록 하며 무한한 자유를 준다. 하지만 그것이 무능하거나 일을 대충 해도 된다는 뜻은 절대 아니다. 이른바 '월급 도둑'을 용인해주는 것이 혁신문화는 아니다.

축구선수 메시는 우리 돈으로 환산하면 1천억 원 정도의 연봉을 받는다. 노동시간이 길고, 야근을 하고, 누구보다 열심히 해서 그런 것이 아니다. 그가 팀의 성공에 기여하는 바가 매우 크기 때문이다.

획일화된 평가기준과 평가체계로는 메시를 평가할 수 없다. 메시보다 골을 많이 넣는 선수도, 어시스트를 많이 하는 선수도, 운동량이 많은 선수도, 수비 가담이 좋은 선수도 많을 수 있다. 프로 선수는 단순히 획일화된 평가기준, 평가체계와 수치만이 아니라 가치적 측면을 가지고 평가하는 것이다.

"당신은 우리 팀의 성공에 어떻게 기여하였습니까?"

메시가 돈을 많이 받으며 최고의 성과를 유지할 수 있는 데는 세 가지 이유가 있다.

1. 재능
2. 그 재능을 활용할 수 있는 자리
3. 강력한 동기

아무리 열심히 하는 사람도 재능 없는 일을 계속하면 한계에 부딪친다. 메시가 아무리 열심히 해도 테니스 선수나 대학 교수로 세계적인 수준으로 성공할 확률은 거의 없을 것이다. 즉 자신의 재능을 발견하는 것이 정말 중요하다.

한편 재능이 아무리 뛰어나더라도 그 재능을 활용할 수 있는지가 중요하다. 메시가 순환 보직 제도로 스트라이커 1년, 미드필더 1년, 수비수 1년, 골키퍼 1년을 하면 어떻게 될까? 어느 자리에서나 팀에 기여할 수 있는 전천후 선수가 될까? 아마 4년 후 그는 전문성을 잃은 그저 그런 선수가 되어 있을 것이다.

또한 아무리 열심히 해도 팀 내 경력에 따라 연봉이 정해진다면 어떨까? 메시가 세계 최고의 대우를 받는 이유는 다른 팀으로 이적할 가능성이 언제든지 열려 있기 때문이다. 이러한 자유 이적 시장이 없으면 강력한 동기가 생기지 않는다.

위계조직의 규율 vs. 역할조직의 규율

혁신 기업의 사람들은 자유롭게 일하고 도전하며, 그 과정에서 실패를 통해 배우고 성장한다. 지금 일하는 회사를 위해 최선을 다하는 것이 아니라 커리어를 쌓아서 업계 최고 대우를 받기 위해 열심히 일한다. 이런 사람들을 감시하거나 일하지 않으면 해고한다고 위협하는 것은 전혀 의미가 없다.

공채로 팀에 들어와 이적의 기회는 막혀 있고, 연공서열에 막혀 연봉도 적게 오르고 순환 보직으로 전문성을 잃어가는 메시를 생각해보자. 최고의 인재를 바보로 만들게 되는 것이 아닐까?

무능에 대한 무관용, 엄격한 규율, 잔인한 정도로 솔직한 피드백, 개인의 강한 책임감, 강력한 리더십 등은 위계조직과 역할조직 모두에게 중요하다. 그러나 위계조직의 입장에서 해석하는지, 역할조직의 입장에서 해석하는지에 따라 실제의 의미와 형태는 너무나도 달라진다.

무능에 대한 무관용

위계조직: 잘리면 안 되니까 열심히 일한다.

역할조직: 우리 팀에는 맞지 않는 인재니까 다른 팀에서 뛰도록 방출한다.

엄격한 규율

위계조직: 항상 출퇴근 시간을 체크하고 모니터를 감시하면서 일을 소홀히 하지 않는지 감시한다.

역할조직: 모두가 지켜야 하는 규정을 만든다. 성희롱이나 기밀 유출 같은 일이 벌어지면 가차 없이 해고한다. 일을 하고 싶은 사람은 자기 마음대로 하되, 동기부여가 안 되는 사람은 회사를 떠나도록 한다.

잔인할 정도의 솔직함

위계조직: 어차피 갈 곳이 없는데 여기서 잘못 보이면 끝장이다.

역할조직: 내가 마음에 안 들면 내 행동을 고치거나, 나와 맞는 다른 팀을 찾아가면 된다.

개인의 강한 책임감

위계조직: 내 성과가 나의 이익으로 연결되지 않는 상황에서 억지로 충성심과 책임감을 갖는다.

역할조직: 내 성과가 나의 이익으로 직접 연결되므로 프로로서 책임지고 내 일에 베팅한다.

강력한 리더십

위계조직: 위에서 시키는 것은 다 해야 한다. 윗분의 깊은 뜻을 모두 이해할 수 없으므로 조용히 따른다.

역할조직: 방향을 잃은 배는 산으로 간다. 방향을 제시할 투명하고 강력한 리더십이 필요하다. 강한 리더는 항상 소통한다.

혁신에 최적화된 역할조직은 재능이 있고 끊임없이 도전하는 프로 정신을 가진 인재를 찾는다. 대충 일하고 놀고 싶은 사람에게 관용을 베

푸는 조직이 아니다. 그리고 재능과 프로 정신을 가진 사람은 단순히 공부를 잘하고 시험을 잘 보는 사람이 아니다. 자신의 재능을 이해하고 발휘하여 회사에 기여할 수 있는 사람이다.

헤어짐

역할조직을 떠나기

지금 회사가 아니라, 다음 회사를 위해 일한다

실리콘밸리 회사는 직원이 마음대로 나갈 수도 있고, 회사가 그 직원을 쉽게 해고할 수도 있다. 우리나라도 앞으로 급속히 이런 체제로 변화될 것이다. 이미 1997년 외환위기 이후에 정리해고제가 도입되었다. 노동시장 유연화는 많은 저항과 역기능도 불러오지만, 인재의 순환을 통해 건강한 경제체제를 만드는 데 긍정적 영향을 미치는 면도 있는 것이 사실이다. 물론 지금의 우리 경제체제에서 노동시장 유연화가 급속히 진행되면 노동자들의 피해가 너무 커진다. 우리나라는 대기업에만 돈이 모여 있는 경제체제이기 때문이다.

대기업형 위계조직은 왜 비효율적인가?

우리나라는 부존자원이 부족하고 내수시장이 작기 때문에 원재료를 수입하여 가공해 수출하는 대기업 위주의 수출주도 전략으로 성장했으며, 이 과정에서 대기업에 모든 자원을 몰아주는 정책을 취했다. 외환위기 이후 대기업 쏠림 현상은 더 커졌고, 대기업과 중소기업의 격차는 더욱 벌어지고 있다. GDP에서 대기업이 차지하는 비중도 더 커졌고, 대기업에만 돈이 몰리고 있으며, 인적자원 측면에서도 임금 및 복지 격차가 갈수록 늘어나고 있다. 대기업에는 사람들이 몰리고 최고 수준의 인재가 넘쳐나는 반면 중소기업이나 자영업의 경우 연봉이나 삶의 질, 복지가 대기업에 비해 크게 떨어진다.

이런 상황에서 노동시장이 더욱 유연화되면 기업이 노동자들을 마음대로 야생의 벌판으로 내쫓는 꼴이 되어버린다. 그렇다 보니 대기업이라는 성에 간신히 입성한 사람들은 내쫓기지 않으려고 불필요한 생존경쟁, 보여주기식 성과경쟁을 하고, 회사는 비효율적인 내부구조를 갖게 되었다. 이것이 우리의 대기업형 위계조직의 모습이다.

프로 축구에 이적시장이 없다면 어떤 일이 일어날까?

노동시장을 유연화하려면 먼저 노동시장이 활성화되어야 한다. 세계 최고의 프로 축구팀 중 하나인 맨체스터 유나이티드를 생각해보자. 여름과 겨울의 이적시장이 열리면 실력이 떨어지는 선수는 하위 팀에 스카우트되고, 하위 팀들의 잘하는 선수는 맨체스터 유나이티드로 엄청난 돈을 받고 이적한다.

만약에 프로 축구에서 이적시장이 없고, 20세의 선수들만 선발할 수 있는 드래프트 제도만 있다면 어떻게 될까?

청소년 선수들은 맨체스터 유나이티드에 드래프트 되기 위해 맹훈련을 할 것이다. 20세 때의 드래프트가 일생을 좌우하고, 다른 기회는 없기 때문이다. 맨체스터 유나이티드는 드래프트 때 최고의 선수들을 뽑아야 하며, 그들이 팀에 적응하지 못하면 어떻게든 잘하도록 훈련을 시켜야 하고, 리더십을 가진 선수가 없으면 리더십 교육을 해야 하며, 수비수가 없으면 미드필더를 데려다가 수비수로 변신시키고, 골키퍼가 없으면 아무 선수나 데려다가 골키퍼로 키워내야 한다.

한편 선수 입장에서는 팀에서 방출되지 않기 위해 서로 경쟁하고, 때로는 무리를 하고 비효율적인 선택을 할 것이다. 스트라이커가 두 자리밖에 없는 상황에서 네 번째 스트라이커가 되면, 선수생활 동안 선발로 경기에 출전할 기회가 거의 없어진다. 하위 팀에 가서 경험을 쌓고 성장하고 싶지만, 이적시장이 없어서 원천적으로 길이 막혀 있으니 주전 스트라이커가 부상을 당하기를 기다리거나 또는 기회가 왔을 때 인생을 걸고 무리를 해서라도 감독의 눈에 들기를, 아니면 가만히 앉아서 도태되기만을 기다리게 된다.

맨체스터 유나이티드의 네 번째 스트라이커는 이 팀에서는 별로 쓸모가 없는 존재이지만, 전력이 좀 떨어지는 다른 팀에서 경험을 쌓아 더 훌륭한 선수가 되어 돌아올 수도 있고, 어쩌면 그 팀의 최고 에이스가 되거나 그 팀의 역사에 길이 남을 전설적인 선수가 될 수도 있다.

인재 이적시장이 없어서 생기는 문제들

프로 축구의 이적시장처럼 재능을 가진 인재들의 이적시장이 형성되면 자연스럽게 자신의 능력에 맞는 팀에 소속되어 큰 기여를 할 수 있다. 그렇지만 우리나라처럼 인재들의 이적시장이 없고, 한번 대기업이나 중소기업에 들어가면 끝인 구조에서는 다음과 같이 비효율적인 상황들이 발생한다.

과도한 입사경쟁

인재 이적시장이 없으면 청년층의 입사경쟁이 지나치게 치열해진다. 회사 입장에서는 큰 비용을 들여서 수많은 지원자들을 대상으로 입사시험을 치러야 하고, 지원자 한 명당 들어가는 채용비용을 줄이기 위해 표준화된 시험을 만들어야 한다. 한편 지원자들은 각 회사에 맞추어 표준화된 시험을 각각 따로 준비해야 한다. 이것이 지금의 대학생들에게 주어진 현실이고, 이는 '헬조선'이라는 자조적인 말을 만들어내는 원인 중 하나이다.

회사 내 재능의 낭비

인재를 획일화된 시험으로 선발하면, 각 부서에 꼭 필요한 인재가 아니라 시험성적 우수자를 뽑을 수밖에 없다. 시험성적 우수자들이 성적이 낮은 이들보다 실무능력이 좋을 확률이 조금 높긴 하겠지만, 그 직종을 전문적으로 연구해오고 경험을 가진 사람보다는 훨씬 뒤처질 것이 자명하다.

획일화된 공채시험은 마치 개인기가 좋은 순서로 축구선수를 선발하여 성적순으로 잘하면 스트라이커, 못하면 골키퍼로 배치하는 것과 같다.

전문화가 진행된 프로들의 세계에서 획일화된 시험을 본다는 것은 말이 안 된다. 당연히 스카우터가 한 사람 한 사람을 면밀히 관찰해서 계약을 맺어야 한다.

한편 획일화된 시험으로 직원들을 뽑아 배치하면 직장 내 선호 직종이 생긴다. 만약 인사와 마케팅이 인기 직종이고 세일즈가 비인기 직종이라면, 성적이 좋은 사람은 세일즈에 재능이 있고 적성이 맞아도 인사팀에 갈 확률이 높을 것이다. 이런 구조는 순환 보직을 만들어내게 되고, 결국 아무도 전문성을 갖출 수 없게 되어버린다. 세일즈는 그것을 하고 싶은 전문가를 뽑아서 맡기고, 인사팀은 인사 전문가를 선발하여 맡기는 것이 당연한데도 말이다.

불필요한 사내경쟁

유연한 이적시장이 없는 상태에서 사내경쟁에 밀리는 것은 인생의 낭비를 의미한다. 엄청난 입사경쟁을 뚫고 들어왔는데, 회사에 더 뛰어난 사람이 몇 명 있다는 이유로 무능력한 사람 취급을 받게 된다. 결국 엄청나게 비효율적인 사내경쟁 끝에 재능을 제대로 피워보지도 못하는 경우도 있다. 다른 회사에 가면 재능을 훨씬 더 꽃피우며 비슷하거나 훨씬 더 좋은 대우를 받을 수도 있는데, 그런 기회를 살리지 못하고 도태되어가는 것이다.

마치 주전 선수의 부상만을 바라는 후보 선수처럼, 회사 내의 경쟁은 서로에 대한 불신과 비효율을 가져온다. 사내경쟁을 통해 직원의 경쟁력을 향상시키는 것은 어리석은 일이다. 직원들은 다른 회사와의 경쟁을 통해 경쟁력이 향상되어야 하며, 그래야 한 팀이 되어 시장에서의 경쟁에 집중할 수 있다. 그리고 회사에 필요없거나 맞지 않는 사람은 자신을 더 필요로 하는 회사에 갈 수 있는 시스템이 마련되어야 한다.

사회적 재능의 낭비

프로 축구에 이적시장이 없고 한 번의 기회만 주어진다면 다들 최고의 팀인 맨체스터 유나이티드에 가려 할 것이고, 다른 팀에는 포기한 선수들만 가게 될 것이다. 그러면 맨체스터 유나이티드에도 비효율의 문제가 생길 것이고, 아예 좋은 선수들이 들어오지 않는 리그의 나머지 팀들은 수준이 점점 떨어질 것이며, 이는 리그 전체의 경쟁력에도 문제를 가져올 것이다.

마찬가지로 우리나라 전체로 보아도, 인재가 자신의 재능에 맞춰 적재적소에 가지 않고 한곳에만 몰리는 현상은 큰 낭비이다.

경직화된 대기업형 인재시장이 '독'이다

지금 우리의 경제체제는 사실 신자유주의 경제체제라고 하기도 어렵다. 기업 간에는 자유경쟁의 틀을 가지고 있지만, 기업과 개인 간의 관계는 자유주의의 대척점에 있는 전체주의에 가까운 틀을 가지고 있다. 기업의 이윤이 개인에게 능력과 기여, 필요에 따라 분배되는 것이 아니라 연공서열 등 획일화된 기준으로 분배되고 있기 때문이다.

한편 우리는 대기업 위주의 경제정책을 펼쳤고, 이것이 수출 위주의 제조업에서는 강력한 힘을 발휘하여 빠른 경제성장을 할 수 있었고, IMF 시대도 극복하고 다시 경제를 살릴 수 있었다. 하지만 이러한 인위적인 대기업 부양정책은 혁신경제로 넘어가야 하는 지금, 우리 경제의 발목을 잡고 있다.

대기업에만 돈이 있기 때문에 과도하게 인재가 몰리고, 이에 따라 획일화된 시험으로 인재를 뽑는 데다가 인적자원이 자유롭게 순환되지 못하고 있기 때문에, 사람들이 각자의 재능에 맞는 자리가 아닌 곳에서 일하게 되었다. 목표가 명확하고 시키는 일만 잘하면 되는 제조업 경제 체제에서는 큰 문제가 없었지만, 혁신을 만들어내야 하는 체제에서 이와 같은 획일화, 안전지향, 사내경쟁은 독이 되어버린다. 누구도 위험한 도전을 하고 자신만의 목소리를 내려 하지 않기 때문이다.

마음껏 기여하고, 언제든 떠나세요!

중국과 동남아시아 등의 부상으로 우리 제조업이 위기를 겪을 수밖에 없는 지금, 혁신경제로 가기 위해서는 기업이 공채를 없애고 각 역할에 맞는 인재와 전문가를 뽑아서 써야 한다. 그리고 '회사에 충성하라'는 말 대신 "마음껏 기여하고 언제든지 떠나세요"라고 할 수 있어야 한다.

또한 다른 회사에서 적응하지 못한 사람도 실패한 사람으로 보지 말고, 그 회사에 맞지 않았던 인재로 볼 수 있어야 한다. 열린 자세로 자세한 면접을 본다면, 이전 회사에 적합하지 않았던 사람도 적절한 자리로 이직하여 재능을 꽃피울 수 있다. 아울러 대기업들도 저렴한 부품 공급에 의존하는 제조업에서 벗어나 혁신을 만들기 시작하고, 중소기업들과 스타트업들도 같은 선상에서 경쟁을 시작하면 많은 인재들이 자신에게 맞는 자리에서 능력을 발휘할 수 있을 것이다.

또한 회사에서 나가도 더 나은 삶을 위해 도전할 수 있는 환경이 조성된다면, 직원들은 더 이상 회사에서 생존하기 위해 일하지 않고 다음 도전을 위해 더 혁신적인 일들을 해나갈 것이다. 이런 상황에서 부실기업은 직원들이 급격히 떠나며 자연스럽게 정리될 것이다.

인재가 기업과 사회의 보호를 최소한으로 받으면서 자유롭게 이동하는 것이 신자유주의의 기본 작동원리이다. 신자유주의가 다른 경제체제보다 우월하다는 뜻은 절대 아니다. 신자유주의는 능력이 있는 사람들만이 살아남고, 나머지는 도태되어도 신경쓰지 않는 잔인한 경제체제이다. 그렇지만 혁신 기업의 경쟁력에는 도움이 되는 체제이기도 하다.

우리나라도 전 세계적인 신자유주의 흐름이 비껴가지 않았다. 그런데 정치·경제적으로 신자유주의 흐름을 따르면서도, 기업의 조직과 문화는 전체주의적 원칙을 따르는 왜곡된 모습을 보이고 있다. 이에 따라 능력이 있는 사람들이 재능을 낭비하게 되고, 기업은 비효율적인 상황에 비용을 지불하는 더 큰 부작용을 끌어안고 가고 있다.

다시 말해 외환위기 이후 신자유주의의 도입으로 돈 있고 능력 있는 층만이 살아남고 나머지 다수는 살기 힘든, 양극화가 심한 잔인한 사회가 되었지만, 그나마 능력 있는 사람들도 마음껏 일하고 능력만큼 돈을 벌 수 있는 신자유주의의 강점조차도 제대로 활용하지 못하는 상황이 와버린 것이다.

역할주의 조직에서는 조직을 떠나는 일이 회사에도 개인에게도 좋은 일이다. 개인은 새로운 도전을 할 수 있고, 회사는 새로운 전문지식을 수혈하게 된다. 그러한 순환이 없으면 역할조직은 경쟁력을 잃어갈 수밖에 없다.

해고를 당했다,
회사들이 줄을 섰다

리쿠르터들에게 대박 난 날

2015년 10월, 트위터 사에 정리해고의 바람이 불었다. 나로서는 처음으로 접해보는 정리해고 상황이었다. 나는 해고를 당하지 않았지만, 친하게 지냈던 많은 동료들이 해고되었다. 그날은 마치 전시상황 같았다. 아침에 다들 출근해서 앉아 있는데, 매니저와 1:1 미팅이 잡히고 구글 캘린더를 통해 초대장이 왔다. 그것이 해고를 의미하는지는 알 수 없었다.

그런데 1:1 미팅에 갔던 동료들이 돌아오지 않았다. 이후 돌아온 그들은 즉시 랩탑을 반납하고 경비원의 안내에 따라 건물 밖으로 나가야 했다. 충격적이고 슬픈 경험이었다. 나도 건물 밖으로 나가 해고당한 친구들을 위로하며 많은 이야기를 나누었다.

해고된 친구들은 세브란스 패키지severance package라는 퇴직금, 또는 위로금을 받았다. 2개월간의 월급을 받고, 소송을 걸지 않는다는 약속을 하면 2개월치 월급을 더 받을 수 있었다. 실리콘밸리에서 오래 있지 않았던 친구들은 해고당했다는 사실에 큰 충격을 받았고 많이 슬퍼했다. 그런데 실리콘밸리 경험이 많은 사람은 전혀 슬퍼하지 않았다.

"왜 슬퍼하지 않느냐?"라고 물어보았더니 해고당한 경험이 많은 동료는 이렇게 이야기했다.

"나에게 이런 대박 기회가 오다니!"

'응? 이봐, 당신은 지금 회사에서 잘렸다고……, 자기합리화 같은 거야?'라고 묻고 싶은 생각이 굴뚝 같았지만 꾹 참고 "이게 왜 기회가 되지?" 하고 물어봤다. 그 친구는 복권에 당첨된 것 같은 미소를 참지 못하며 이야기했다.

"어차피 실리콘밸리에서는 3, 4년에 한 번씩은 회사를 옮기잖아? 자신의 발전과 몸값을 위해서라도 말이야. 그런데 회사를 다니면서 인터뷰를 준비하고 여러 회사에 면접을 보는 것은 쉬운 일이 아니야."

그건 맞는 말이다. 나도 트위터에 다니면서 여러 회사와 면접을 보았지만, 다른 회사에 면접을 본다고 대놓고 말하기는 꺼려졌다. 매니저마다 스타일이 달라서 어떻게 받아들일지 알 수 없었으므로 휴가를 일부러 내기도 하고, 가짜 회의 같은 것을 잡아 회의실에서 전화 인터뷰를 했던 기억도 있었다. 물론 눈치 빠른 동료들은 이미 내가 다른 회사와 이야기하고 있다는 것을 알고 있었다. 그도 그럴 것이, 매일 옆에 앉아 있던 사람이 이름 모를 한 시간짜리 미팅을 만들어 전화를 하고 있고, 갑자기 휴가를 내니 티가 나지 않을 수 없었다.

경험 많은 동료가 이야기를 계속했다.

"그동안 링크드인을 통해서 연락이 온 곳이 많았는데, 면접을 볼 시간이 없어서 이직을 생각만 하고 있었어. 안 그래도 머뭇거렸는데, 회사가 돈과 시간을 주면서 면접을 준비하고 볼 기회를 준 거지."

이야기하는 동안 내 휴대폰에 알림 문자가 계속 왔다. 트위터의 정리해고 소식을 들은 친구들이 메신저를 통해 괜찮냐고 묻고 있었고, 링크드인에서도 20여 개의 메시지가 왔다.

"링크드인으로 연락이 많이 오지 않았어? 오늘은 리쿠르터들에게도 '대박의 날'이라고. 트위터에서 검증된 엔지니어들이 쏟아져 나오는 날이니까. 누가 잘렸는지 모르기 때문에 아마 너한테도 엄청 메시지가 갈 거야."

링크드인에 들어가보니 정말로 실리콘밸리의 크고 작은 회사들에서 연락이 와 있었다. 구글, 페이스북, 애플같이 큰 회사들도 있었고, 이름 모를 스타트업도 많이 있었다.

그리고 그 친구는 몇 달 후 다른 회사에서 두 배의 연봉을 받고 일하게 되었다.

입사는 연애와 같다

우리나라에서 입사는 마치 또 하나의 가족을 갖게 되는 이벤트 같다. 큰 가족에 합류한 것을 자랑스러워하며 충성을 약속하고 헌신할 것을 약속한다. 그리고 그 가족을 떠날 때에는 관계와 평판에 큰 손실이 생기게 된다.

하지만 실리콘밸리에서 입사는 연애와 같다. 그것도 아주 성숙한 친구와의 연애이다. 서로 이해관계가 맞으면 함께하다가, 둘 중에 하나가 더 뛰어난 사람이 필요하거나, 더 좋은 회사가 필요하면 미련 없이 돌아선다. 상하 관계가 아니라 동등한 관계이다. 항상 서로 맞는지 체크하고 떠날 것을 대비한다.

회사에서 해고된 사람을 보는 시각도 완전히 다르다. 직장생활에 적응하지 못한 사람이 아니라 회사, 매니저, 또는 프로젝트와 맞지 않는 사람으로 생각한다. 그래서 다른 회사들이 이미 검증된 그 직원을 고용하기 위해 애를 쓴다. 물론 그냥 고용하는 것이 아니라 철저한 면접을 통해 그 회사와 맞는지 새롭게 검증하지만 말이다.

실리콘밸리에서는 해고가 자유롭게 이루어진다. 노동시장이 매우 유연하다는 말이다. 우리나라에서 듣기에는 분명 공포스러운 일이다. 그래서 많은 이들이 실리콘밸리에서는 아무 때나 해고될 수 있고, 그래서 해고되지 않기 위해 열심히 일한다고 생각한다. 그러나 전혀 그렇지 않다. 실리콘밸리에서는 커리어를 위해 일한다. 회사는 내 커리어의 여정에 있는 '현재 소속 팀'일 뿐이다.

나도 회사를, 회사도 나를 언제든지 떠날 수 있다. 그리고 실리콘밸리는 이처럼 유연한 노동시장 구조 덕분에 큰 회사든 작은 회사든 언제나 자신과 맞는 인재와 일할 수 있다. 큰 회사에만 뛰어난 인재가 있고, 스타트업에는 그보다 부족한 인재가 있는 것이 아니다. 스타트업이 충분히 더 멋진 프로젝트를 만들 수도 있는 것이다.

나는 역할조직에 어울리는 사람인가?

겸손한 일꾼 vs. 자신감 넘치는 전문가

실리콘밸리에 취업하려는 한국인들이 공통적으로 어려움을 겪는 질문들이 있다. 예를 들어 "당신은 자바를 얼마나 잘하나요?"라고 질문하면, 우리나라 사람들은 겸손하게 이렇게 대답한다.

A 엔지니어: 여러 프로젝트를 통해 실력을 쌓았지만 아직 부족한 면이 많습니다. 앞으로 이 회사에서 많은 것을 배우고 노력해서 더 좋은 엔지니어가 될 것입니다.

하지만 전문가 조직인 역할조직에서 이 말은 나쁜 대답을 넘어, 듣는 사람의 등골을 오싹하게 하는 대답이다.

우리가 암에 걸려 수술을 해야 한다고 가정하고, 의사가 이렇게 말한다고 생각해보자.

A 의사: 많은 수술을 통해서 실력을 쌓고 학교 공부도 열심히 했지만, 아직 부족한 점이 많습니다. 이 수술을 통해서 경험을 쌓고 더 좋은 의사가 될 생각입니다.

전문가로서 엄청나게 무책임한 발언이 되어버린다. 우리는 의사가 이렇게 이야기할 것을 기대할 것이다.

B 의사: 암 수술은 제가 전문가입니다. 암 수술은 무섭게 들리지만, 사실은 간단한 일입니다. 수술이 시작되면 암 주위의 정상세포를 포함하여 림프절 절제를 시행할 것입니다. 이렇게 하면 암 세포가 나머지 세포들과 완전히 분리되어 더 이상 암 걱정을 하지 않고 살 수 있을 것입니다.

물론 의사는 이 수술 경험을 통해서 더 성장할 것이다. 그래도 환자에게 그렇게 말할 필요는 없다.

마케팅, 세일즈, 엔지니어, 디자인, 금융 등 모든 분야의 전문가들 역시 이러한 자세로 면접을 보는 것이 당연하며, 그들을 전문가로서 활용하는 조직에 입사하는 것이 당연하다.

엔지니어는 역할조직의 면접에서는 다음과 같이 말하는 것이 전문성을 잘 보여줄 수 있는 방법이다.

B 엔지니어: 여러 프로젝트를 통해서 자바에 대해서는 매우 깊이 이해하고 있습니다. 업계에서 널리 쓰이고 있는 자바를 이용하면 오픈소스도 적극 활용할 수 있고, 자바 엔지니어도 쉽게 구할 수 있는 장점이 있지요. 또한 정확하고 읽기 쉬운 코드를 쓸 수도 있습니다. 다만 단점으로는 파이선이나 루비에 많은 코드를 써야 합니다. 그렇지만 그런 단점은 큰 프로젝트에서는 오히려 장점이 될 수 있습니다. 생략된 내용이 없어서 다른 사람들의 코드도 훨씬 더 잘 이해할 수 있거든요. 자바를 활용하면 지금 이 회사에서 할 수 없었던 일들을 오픈소스 프로젝트들을 활용하여 더 쉽게 할 수 있습니다.

한편 전문가들을 비전문가로 만들어버리는 것이 바로 '공채'이다. 공채를 통해서 동일한 기준으로 사람을 뽑고 획일화해버리면, 단순히 머리가 좋고 학습능력이 뛰어난 사람만이 유용한 사람으로 인정받는다. 그리고 그 유용한 사람조차도 곧 전문성을 잃게 된다. 자신이 무슨 일을 하게 될지 모르기 때문이다.

우리나라 기업은 필요한 인재를 길러내는 학교식 조직이다. 자신의 커리어 패스를 가진 전문인이 전문성을 발휘하여 일하면서, 그 전문성을 발전시킬 수 있는 환경이 아니다.

반면 역할조직에 필요한 사람은 자신의 커리어를 명확하게 갖고 있는 전문가이다. 내가 이 회사에 어떤 서비스를 제공할 것인지 명확하게 이야기할 수 있어야 한다.

B 세일즈맨: 어려서부터 물건 파는 것을 좋아해서 세일즈 전문가가 되었어요. 타고난 재능이 세일즈에 있다고 생각해요. 상대방의 욕구를 깊이 이해하고 공감하며 설득하여 그것을 판매와 연결하는 데 매우 익숙하거든요.

그런데 위계조직에서는 아마 이렇게 이야기하게 될 것이다.

A 세일즈맨: 저는 무엇이든 빨리 배우고 자신을 극복하는 데에 능합니다. 세일즈든 마케팅이든, 뭐든 성실함과 배우는 자세가 있기에 금방 배워서 다 해낼 수 있다고 확신합니다. 기업의 모든 일은 고객의 마음을 사는 것이라고 생각합니다. 최선을 다해서 고객을 먼저 생각하고, 회사에 어떻게 기여할 수 있을까를 고민하며 늘 배우는 자세로 헌신하겠습니다.

하지만 이런 자세로 역할조직의 면접에 임하면 탈락하기 십상이다.

바쁜 사람=전문성 없음

전문성을 중시하는 문화에서 바쁜 사람은 전문성이 부족한 사람이 되어버린다. 위계조직에서는 항상 '바쁘다'는 말을 입에 달고 다닌다. 비슷비슷한 사람들이 유사한 일을 하므로 근면성실이 강점이 되고, 옆 사람보다 한 발이라도 더 뛰면 내가 한 발 앞서 나가게 되는 것이 명백하다.

반면 역할조직은 각자 다른 일을 한다. 한 발을 더 뛰는 것이 중요한 것이 아니라, 다른 사람이 하지 못하는 전문성을 발휘하는 것이 중요하다. 그래서 바쁜 사람은 오히려 능력이 부족하여 간신히 하루하루를 사는 사람으로 보인다.

수술 집도의가 헐레벌떡 뛰어다니다가 정신이 반쯤 나간 표정으로 수술실에 들어온다면 어떤 생각이 들까? '이 의사는 정말 열심히 하는 사람이구나'라는 생각이 드는 것이 아니라, '이 사람은 의사를 하면 안 되겠구나, 정말 안 맞는 일인가 보다. 이 사람에게 수술을 맡기면 내가 죽을 수도 있겠다'라는 생각이 들 것이다. 반면 여유 있고 자신감 있게 수술실에 들어오는 집도의에게 훨씬 믿음이 갈 것이다.

잘리지 않게 일하기 vs. 잘려도 상관없게 커리어 쌓기

역할조직의 인재들은 회사의 월급이나 편한 회사 생활이 주요 동기가 되어서는 안 된다. 그런 사람들은 역할조직에서 '절대 뽑으면 안 되는 1순위'의 사람들이다. 특히 회사에 충성하는 사람은 절대 금물이다.

상사가 듣고 싶어 하는 혁신

위계조직에 길들어 시키는 대로만 일하는 사람에게 혁신을 요구하는 방법은 단 하나, '혁신하라고 시키는 것'이다. 혁신 태스크포스task force 팀까지 만들어 혁신을 하라고 시키면 승진에 가장 유리한 혁신안을 만들어낼 것이다. 하지만 그것은 바로 윗사람이 듣고 싶어 하는 이야기로만 이루어진 '혁신'일 뿐이다. 그들에게 혁신은 '세상을 바꾸는 혁신'일 필요가 없다. 그들의 게임은 '세상을 변화시켜라'가 아니고 '윗사람을 설득시켜라'가 되어버렸기 때문이다.

세상을 바꾸는 혁신

커리어를 가진 전문인에게 가장 좋은 일은 세상을 바꾸는 프로젝트를 기획하고 수행하여 명성을 떨치고, 실제로 세상을 바꾸는 것이다. 가장 좋지 않은 것은 배우는 것도 없이 허송세월을 보내는 것이다.

그들은 자꾸 무언가 새로운 것을 하려고 한다. 그래서 회사는 오히려 그들이 사고를 쳐도 큰 사고가 나지 않도록 안전판을 만들어주는 일에 몰두하게 된다.

이것이 구글 CEO인 에릭 슈미트가 이야기했던 '스마트 크리에이티브, 즉 똑똑하고 창의적인 인재이고, 넷플릭스에서 이야기한 프로 선수 같은 전문가들이다. 그들은 회사의 급여와 복지혜택이 목적이 아니라, 세계적인 스케일의 프로젝트에서 경험을 쌓고, 멋진 프로젝트를 세상에 내놓는 것이 너무 신나는 사람들이다.

이런 사람들이 가장 싫어하는 것은 단순한 일을 반복하고, 시키는 일을 하는 것이다. 제조업 기업에서 이런 인재들은 관리하기 골치 아픈 사람들일 뿐이지만, 콘텐츠 산업이나 소프트웨어 산업에서 이들은 자유롭게 놔두면 세상을 바꿀 사람들이다. 위계조직 회사에서 핵심역량이 첨단기술과 관리 시스템이라면, 역할조직 회사에서 혁신의 핵심역량은 바로 이런 사람들인 것이다.

제조업에서 '완벽주의'는 생명과도 같다.
1년에 한 번 출시되는 제품의 오류는 큰 손해로 이어진다.
그런데 혁신은 수많은 시도와 실패를 통한 '경험의 축적'으로 이루어진다.
완벽주의자는 혁신을 할 수 없다.

3장

완벽주의를 넘어 '경험축적'으로

생존을 위한 일하기 vs. 혁신을 위한 일하기

한국 대기업 애런의 워터폴 프로젝트

한국 대기업에 다니는 애런의 프로젝트는 잘 정리된 기획서로부터 시작된다. 실력 있는 기획자가 꼼꼼하고 빈틈없게 만든 기획서를 가지고 데드라인까지 구현하면 된다.

애런은 뛰어난 엔지니어답게 우선 계획부터 한다. 프로젝트를 작은 태스크task들로 나누고, 데드라인까지 그것을 모두 구현하려면 어떻게 해야 하는지 세부적으로 정한다. 물론 그는 경험이 많고 프로페셔널한 직원이므로 테스트와 디버깅 시간까지 충분히 고려해서 결정한다. 그리고 프로젝트 관리를 위해 간트 차트Gantt chart를 그린다. 간트 차트는 전체 태스크들과 진행상황을 한눈에 볼 수 있는 차트로, 데드라인에 맞추기 위해서는 잘 짜인 계획이 필요하고 실행에 큰 오차가 있어서는 안 되기 때문에 이 차트를 활용한다.

애런이 회사에서 크게 인정받는 이유 중 하나도 이러한 계획과 수행을 오차 없이 해내기 때문이다. 그는 테스팅과 버그 때문에 프로젝트가 연장되는 것을 가장 싫어하며, 이는 엔지니어로서의 자존심과 이름을 걸고 용납할 수 없는 일이다.

대기업 애런의 프로젝트 관리를 위한 간트 차트

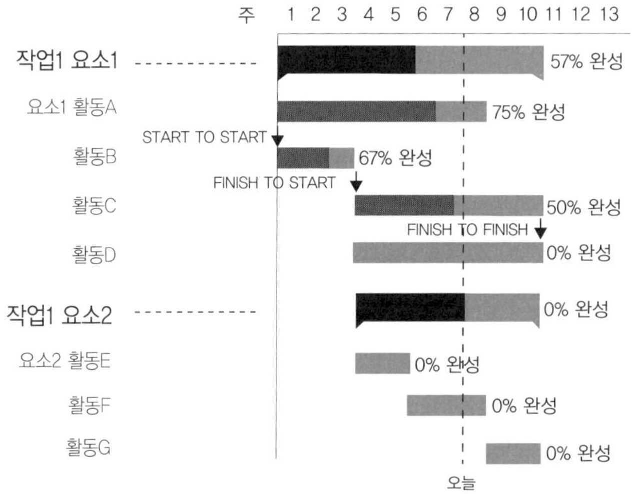

애런은 프로젝트가 모두 완성되면 시장에 나가서 반응을 살핀다. 그리고 기획자는 그 반응을 보고 새로운 버전을 기획한다. 물이 떨어지는 것같이 방향을 거슬러서 가지 않기 때문에 이러한 방식을 '워터폴

Waterfall, 폭포수 모델'이라고 한다.

워터폴 모델에서 기획자는 설계를 빈틈없이 해야 하고, 엔지니어는 구현에 완벽을 기해야 한다. 큰 실수를 하면 다음 사이클까지 고치기가 힘들기 때문이다. 또한 시장과 기술의 변화도 앞서서 읽을 수 있어야 한다. 중간에 신기술을 넣어 설계를 변경하는 비용이 너무 크기 때문에, 이번 버전을 빨리 마치고 다음 버전에 그 기술을 반영하는 것이 낫다.

실리콘밸리 브라이언의 애자일 프로젝트

실리콘밸리의 인재인 브라이언은 애자일 원칙을 가지고 프로젝트를 진행한다. 애자일 원칙이란 이름 그대로 날렵하고 민첩하게agile, 즉 프로토타입prototype, 핵심기능만 넣어 제작한 기본 모델을 빠르게 만들고 프로덕트 매니저와 꾸준히 이야기하면서 살을 붙여나가는 방식이다.

여기에서 중요한 것은 민첩한 것은 '사람'이 아니라 '제품'이라는 것이다. 오히려 사람은 같은 속도로 꾸준히 일하게 되고, 데드라인이 없어져 야근도 자연히 사라진다.

워터폴 방식은 무엇을 만들지 정확히 정하고 설계하여 시작하는 반면, 애자일 방식은 방향과 미션을 정할 뿐 완성된 제품이 무엇이 될지 아무도 모른다. 아니, '완성'이라는 개념 자체도 없다. 프로덕트는 팀이 존재하는 한 계속 발전한다.

자동차를 만들자 vs. 인류의 이동을 편하게 하자

– 미션을 향해 혁신하는 프로젝트의 애자일 방식

워터폴 방식은 예를 들면 '자동차를 만들자'라는 명확한 목표를 가지고 프로젝트에 임한다. 기획자는 자동차를 운전대부터 바퀴까지 빈틈없이 설계하고, 구현하는 팀과 협의하여 데드라인을 정하며, 데드라인이 정해지면 프로젝트 일정이 나와서 그에 따라 최대한 빠르게 자동차를 만든다.

반면 혁신 기업들은 경쟁에서의 생존이 아니라 각자의 미션을 이루기 위해 일한다. 구글, 페이스북, 에어비앤비는 다음과 같은 미션을 가지고 있다.

구글: 세상의 정보를 조직하여 모든 사람이 접근 가능하고 활용할 수 있도록 하자.

Organize the world's information and make it universally accessible and useful.

페이스북: 세상을 더 가깝게 만들자.

Bring the world closer together.

에어비앤비: 세계 어디를 가든 내 집처럼 느끼게 하자.

Belong anywhere.

구글, 페이스북, 에어비앤비 등이 만드는 제품이 앞으로 어떻게 변화하고 발전할지는 아무도 모른다. 만들고 있는 그들도 모른다. 다만 미션을 향해 하루하루 한 발짝씩 걸어갈 뿐이다.

이처럼 미션을 향해 혁신해가는 프로젝트에는 애자일 방식이 더 잘 어울린다. 혁신 기업들이 반드시 애자일 원칙으로 프로젝트를 해야 하는 것은 아니지만, 만들 것을 정하고 들어가는 워터폴 방식보다는 유연하게 진화하는 애자일 방식이 미션을 이루어가는 데 더 쉬운 방법을 제공한다.

애자일 방식에서는 '자동차를 만들자'가 아니라 '인류의 이동을 편하게 하자'라는 미션을 걸고 프로젝트를 시작한다. 그들은 인류의 이동을 편하게 만들기 위해서 스케이트보드나 롤러스케이트부터 만들고, 시장의 반응을 살피며 킥보드, 자전거 등으로 발전한다.

프로덕트가 자동차로 발전할지 스쿠터로 발전할지, 또는 우주선이나 지하철로 발전할지는 아무도 모른다. 그러다가 자동차를 만들게 된다면 기존의 자동차 회사들보다 훨씬 늦게 만들겠지만, 그들이 만든 자동차는 기존 자동차와는 다를 것이다. 그들은 차별화할 수 없다면 만들지도 않았을 것이다. 그들이 추구하는 미션의 끝이 다른 회사에서도 이미 만든 자동차라면 이미 그 미션은 실현되었고, 그 회사는 존재할 이유도 가치도 없어질 것이기 때문이다.

애자일 방식의 미션은 언제나 현재 진행형

더 중요한 점은 아직 미션이 실현되지 않았다는 점이다. 자동차를 만들고 나서도 '인류의 이동을 편하게 하자'라는 미션은 아직 실현되지 않았다.

스케이트보드에서 시작된, 인류의 이동을 편하게 하려는 여정은 자동차에서 멈추지 않는다. 일론 머스크처럼 하이퍼룹을 만들어 지하고속도로를 만들 수도 있고, 로켓 기술로 순식간에 대륙 간 이동을 가능하게 하는 교통수단을 만들 수도 있고, 전동 킥보드로 시내 이동을 편하게 할 수도 있다. 이것이 실리콘밸리의 회사들이 계속 혁신을 만들어 내는 이유이다.

애자일 방식을 활용하면 사장님의 머릿속에서 나온 것 이상의 제품이 전문가들의 미션을 향한 고민 속에서 계속 쏟아져나온다.

페이스북의 최고경영자인 마크 저커버그도 1년 뒤에 페이스북 앱이 어떤 모습일지 알 수 없다. 에어비앤비의 최고경영자인 브라이언 체스키도 마찬가지다. 1년 후에 에어비앤비 앱이 어떤 모습일지 알 수 없다. 페이스북과 에어비앤비의 앱은 각자의 미션을 향하여 하루에도 몇 번씩 변화하며 사용자들의 필요를 충족시켜나갈 것이기 때문이다.

애자일 방식으로 프로젝트 구현하기

워터폴 방식에서는 주문자가 구체적인 스펙에 맞는 제품을 언제까지 만들어달라고 하면, 공급자가 비용을 산정하고 주문을 받는다. 이 과정에서 공급자는 다시 하청을 줄 수도 있다. 그래서 우리나라에서도 여기에서 비롯된 '하청의 하청의 하청 문화'가 문제가 되기도 한다.

대기업이 소프트웨어를 개발하면서 1차 하청업체에 약간 적은 돈으로 더 짧은 기간에 끝내도록 하청을 주고, 1차 하청업체는 다시 더 작은 회사에 더 적은 돈으로 더 짧은 기간에 끝내도록 하청을 주는 식이다. 이런 방식으로 하면 매우 짧은 기간에 주문서에 나온 스펙만 간신히 맞춘 낮은 품질의 소프트웨어가 완성될 수밖에 없다. 또한 이러한 구조에서는 개발자들이 필연적으로 과도한 노동에 시달리게 된다.

반면 애자일 방식으로 소프트웨어를 만드는 업체에서는 스펙을 받고 나면, 그중에서 핵심기능을 다시 추려 프로토타입을 만들 계획을 세운다. 애자일 속도를 제대로 측정하는 팀에서는 그러한 프로토타입을 만들 때 얼마나 시간이 걸리는지 쉽게 알 수 있다. 애자일 속도는 한 팀이 얼마만큼의 속도로 프로젝트를 수행하는지를 나타내는 숫자이다.

애자일 방식에서는 에픽epic-스토리story-과제task의 구조로 일을 나눈다. 자동차의 내비게이션 소프트웨어를 만드는 경우 다음과 같이 에픽-스토리-과제를 구성할 수 있다.

애자일 방식의 프로젝트 구조

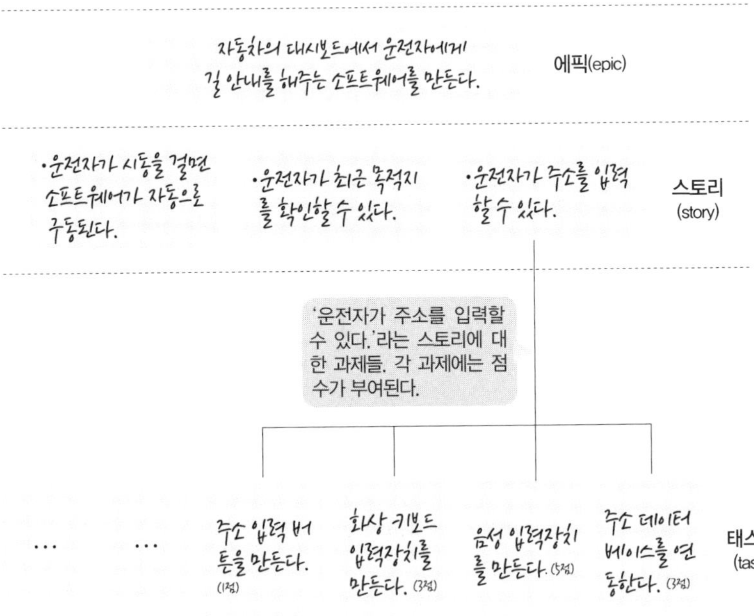

여기서 과제 점수는 팀이 모여서 결정하거나 개별 엔지니어가 결정할 수 있다. 팀이 함께 결정할 경우 애자일 포커agile poker라는 게임을 한다. 각자 그 태스크가 몇 점에 해당하는지 점수 카드를 내고, 왜 그렇게 생각하는지를 설명하고 토론한 다음 다시 카드를 내어 다수결로 최종점수를 정한다. 점수는 많은 경우 0.5, 1, 2, 3, 5, 8, 13을 사용하지만, 팀마다 각자의 점수 시스템을 정할 수 있다.

애자일 포커의 점수 시스템은 각 엔지니어가 일을 얼마나 열심히 하는지를 감시하기 위한 것이 아니라 팀의 속도를 측정하기 위한 것이다.

만약 한 주에 30점을 수행하기로 계획했는데, 그 주에 25점밖에 완료하지 못했다면 어떻게 할까? 더 열심히 해서 부족한 5점을 채우기 위해 35점을 해야 할까?

전혀 그렇지 않다. 그러한 전력질주는 누구에게도 도움이 되지 않는다. 다음주부터는 우리 팀의 속도가 25점이라는 것을 인지하고 더 적은 포인트를 계획한다. 그렇게 매주 몇 점을 수행할 수 있는지 측정하면 프로젝트가 언제쯤 끝날지도 알 수 있다.

이 예에서 한 주를 '스프린트'라고 한다. 스프린트의 길이는 대부분 1주 또는 2주로 정하는데, 스프린트가 끝나면 프로젝트가 어떤 속도로 가고 있는지, 시장 상황이나 주문자의 요구가 변하지 않았는지 점검한다. 그래서 스프린트마다 프로젝트의 방향을 바꿀 수 있다. 워터폴 방식은 발주 후 납품까지 프로젝트의 방향을 바꿀 수 없지만, 애자일 방식은 1주나 2주마다 방향을 점검하기 때문에 빠르게 변화·발전하는 소프트웨어를 만드는 데 적합한 것이다.

소통하라, 소통하라, 또 소통하라

애자일 방식은 항상 프로젝트의 방향과 속도를 점검하기 때문에 서로 간의 소통이 중요하다.

엔지니어링 매니저는 각 엔지니어가 어떤 기분이고 어떤 상황에 처해 있는지, 프로젝트에 영향을 미칠 만한 개인적인 요소들은 없는지를 항상 점검해서 팀의 속도를 예상 가능하도록 만드는 것이 주임무이다. 엔지니어가 부부 싸움을 하여 잠을 못 자서 퍼포먼스가 떨어진다면 이 또한 세심하게 신경 써줘야 할 부분이다. 실제로 실리콘밸리에는 부부 상담을 제공하는 회사들도 있다. 또한 팀에 인력을 충원하고 향후 계획을 세우는 것도 매니저의 역할이다.

프로덕트 매니저는 고객과 항상 소통한다. 고객과 팀의 연결고리가 되어 계속해서 변화하는 요구사항을 반영하고, 팀의 개발방향을 스프린트마다 재고하며, 고객과 시장을 개발팀과 연결해주는 중요한 역할을 한다. 그래서 일부 회사에서는 프로덕트 매니저를 '프로덕트의 주인', 또는 각 '프로젝트의 CEO'라고도 한다.

각 엔지니어는 직접 개발을 하지만, 스프린트 계획과 태스크의 크기를 정하는 것도 중요한 역할 중 하나이다. 스프린트마다 자신이 얼마나 많은 일을 할 것인가를 결정하여 애자일 보드에 표시한다. 프로젝트의 기한을 맞추기 위해 일의 양이 들쭉날쭉하는 일이 없어야 하는데, 항상 무리하지 않고 일정한 기여를 할 수 있도록 노력한다.

고객이 써볼 수 있는 프로토타입이 완성되고 나면, 고객도 자신이 어떠한 기능을 더 원하는지, 아니면 처음 생각한 기능 목록에서 무엇이 빠져야 할지 쉽게 파악할 수 있다. 서류상으로 상상만 하는 것보다는 실제로 제품을 써보는 것이 개발방향을 생각하기에도 훨씬 쉽다. 고객과 어떤 기능을 추가하거나 제외할지 이야기하면서 추가비용에 대해서 끊임없이 소통한다. 한편 고객과 끊임없이 소통해야 하므로 하청의 하청은 불가능하며, 비용과 시간에 쫓겨서 낮은 품질의 소프트웨어를 납품하는 일이 줄어들게 된다.

이처럼 애자일의 목표는 높은 퀄리티의 소프트 웨어를 예상 가능한 속도로 만들어내고 장기적으로 유연하게 변화하도록 하는 데에 있다. 기존 제조업 방식의 단기성으로 데드라인이나 스펙에 맞추어 작동하게 만드는 방식과는 추구하는 지점이 정반대이다.

단기 프로젝트는 정확한 스펙과 데드라인 준수가 목적이다. 이를 위해서 철저하게 사전 기획을 하고 최소한으로 소통하며 빠른 구현을 하도록 노력한다. 엔지니어들은 자신이 구현한 부분에 대한 깊이 있는 정보만 가지고 있기 때문에 그들이 빠지면 큰 문제가 생길 수 있다. 그렇지만 빠른 수행을 위해서는 소통보다는 일을 나누어, 엔지니어 간 접점을 최소화해서 따로따로 구현하는 것이 효율적이다. 반대로 애자일에서 추구하는 끊임없이 변화하는 장기 프로젝트는 전체적인 목표와 예상 가능한 속도가 중요하다. 그래서 소통이 구현보다 중요하고, 팀 전체에서 정보를 공유하여 누구나 비슷한 수준의 퍼포먼스를 낼 수 있도록 해야 한다. 어떤 엔지니어가 빠지더라도 팀의 속도에는 큰 문제가 없도록 해야 한다. 그리고 지금 작동하는 것보다 앞으로 변화와 확장에 유연한 소프트웨어를 만드는 것을 중시한다.

우리나라도 애자일 방식으로 할 수 있을까?

제조업체는 수많은 부품들을 다양한 업체로부터 공급받는다. 완제품의 완료 시점을 정하면, 각 부품이 언제까지 공장에 도착해야 하는지 정확한 날짜가 나오고, 납품업체는 무슨 수를 써서라도 약속된 시간에 납품해야 한다. 그렇지 않으면 완제품의 완성 기한에 타격을 주어 기업에 손해를 끼치게 되며, 그 비용을 보상해야 한다.

우리나라에서는 소프트웨어도 제조업의 납품 방식으로 개발하는 경우가 많다. 고객이 주문을 발주하면 데드라인까지 완성하여 납품하는 식이다. 그렇다 보니 제조업에서 납품업체를 관리하는 방식으로 고객과 소프트웨어 업체의 거래가 이루어져왔다.

자동차에 들어가는 부품은 스펙이 정해져 있으며, 모양과 규격이 발주 기업이 원하는 사양과 정확히 맞아야 한다. 기능을 더 추가할 필요도 없고, 함부로 주문서에 나온 스펙을 바꾸어서도 안 된다.

그와는 달리 소프트웨어의 강점은 무한한 변화에 있다. 그래서 워터폴 방식으로 만든 소프트웨어는 애자일 방식으로 무한 발전하는 소프트웨어의 발전속도를 따라올 수 없다. 데드라인을 정하여 완성하고 납품 후에 피드백을 반영하여 개선하는 워터폴 방식의 사이클로는 제대로 된 소프트웨어를 만들어낼 수 없다.

대표적인 제조업인 자동차에 납품하는 소프트웨어도 마찬가지이다. 내비게이션 소프트웨어는 한번 차량에 들어가고 나면 몇 달이 지나서야 업데이트할 수 있으므로, 이 경우 수시로 업데이트되는 구글, 다음, 네이버 앱을 이길 수 없다. 그래서 테슬라는 자동차를 네트워크에 연결해서 수시로 업데이트하는 시스템을 갖추었다.

애자일 방식, 우리에게 어떻게 적용할까?

애자일 방식은 처음부터 주문을 의뢰하는 고객과, 주문을 받아 소프트웨어를 제작한 개발팀을 염두에 두고 만든 것이다.

전자의 경우 애자일 원칙을 가지고 당연히 SI System Integration, 시스템 통합, 기업의 정보 시스템을 구축하는 종합 서비스로 대표되는 소프트웨어를 납품할 수 있다. SI는 단순히 소프트웨어 납품을 넘어서서 주문 기업의 소프트웨어 전체를 담당하여 통합 시스템을 개발하는 것인데, 애자일 방식이 더욱 힘을 얻는다.

다만 우리나라에서 애자일 방식으로 소프트웨어를 만들려면 계약제도가 보완되어야 한다. 제조업의 주문제작 방식은 기한과 비용을 정해 발주하면 기한 내에 완성품을 전달받는데, 이런 체제에서는 애자일을 도입하는 것이 전혀 의미가 없다. 계속 변화하는 소프트웨어가 나올 수 없기 때문이다.

애자일 방식에서는 완제품이 아니라 프로토타입을 먼저 만든다. 애자일 속도를 제대로 측정하고 있는 개발팀과 개발기업이라면 프로토타입이 언제쯤 완성될지 쉽게 예측할 수 있다. 완성 후에는 고객과 함께 꾸준하게 소통하여 소프트웨어를 발전시켜나간다. 이러한 방식을 도입하기 위해서는 계약조건이 데드라인과 비용으로 정해져서는 안 된다.

애자일 소프트웨어 개발 계약서에는 고객과의 상호 이해를 위해 다음과 같은 내용이 들어가게 된다.

애자일 소프트웨어 개발원칙 출처: 판다독 www.pandadog.com

1. 고객의 만족을 최우선으로 한다.
2. 고객은 프로젝트 개발기간 동안 언제든지 요구사항을 변경할 수 있다.
3. 제대로 작동하는 프로토타입 소프트웨어를 최대한 빨리 제공한다.
4. 고객과 개발팀은 항상 소통한다.
5. 프로젝트의 목표를 이해하고 공감하며 실력 있고 필요한 장비를 갖춘 개발팀이 제품을 만든다.
6. 화상통화보다 직접 소통의 가치를 더 높게 둔다.
7. 개발 프로젝트의 성공은 잘 작동하는 소프트웨어의 만족도로 측정한다.
8. 일관되고 신뢰할 만한 프로세스를 만든다.(투명한 애자일 프로세스를 도입한다.)
9. 기술적, 설계적으로 뛰어난 소프트웨어를 만들기 위해 노력한다.(기한과 비용 때문에 품질이 낮은 소프트웨어를 만들지는 않는다.)
10. 구조를 단순화해서 개발속도를 높인다.(데드라인에 쫓겨 테스트를 하지 않고, 이해하기 어려운 코드를 쓰는 등 기술 부채를 남겨놓으면 미래의 개발속도가 떨어진다. 이것이 데드라인 위주로 개발하는 소프트웨어의 가장 큰 문제이다.)

11. 개발자와 디자이너가 초기 계획부터 참여하며, 설계와 요구사항, 디자인에 주요 결정권을 갖도록 한다.
12. 주기적으로 결과를 확인하여 개선하기 위한 방안을 만든다.

최종 개발목표

최종적으로 어떠한 소프트웨어를 만들고 싶은지 설명한다. 구체적 스펙이 아니라 프로젝트의 방향을 이야기한다.

프로젝트 타임라인

애자일 원칙 아래에서는 항상 진화하는 제품을 만드는 것이 중요하므로 최종 납품 기한이 없다. 다만 다음의 단계들을 높은 품질을 유지하며 최대한 빨리 완료하도록 노력한다.

요구사항 수집: 기술적 설계

1. UX 디자인
2. 개발
3. 테스팅
4. 제품 인도
5. 최종 승인

프로젝트 팀

프로덕트 매니저, 디자이너, 엔지니어링 매니저, 엔지니어 등의 이름과 역할을 기재한다.

가격

각 팀원이 한 달에 받는 금액이 들어간다. 프로젝트 완료시 받는 돈이 아니라 각 팀원이 매달 받는 돈이 들어가기에 고객사와 개발사 간의 신뢰가 절대적이다. 최종 기한을 알 수 없는 것처럼 최종 비용이 얼마나 들지도 알 수 없기 때문이다.

하청이 아니라 파트너이다

우리나라의 경우 개발회사는 일을 최소한으로 하면서 금액을 최대한으로 높게 매기고, 고객사는 최소한의 금액으로 소프트웨어를 만들고자 한다는 가정에서 출발하기 때문에, 앞에서 소개한 계약문화가 정착되는 것이 쉽지 않다. 서로 신뢰가 없는 상황에서 고객사는 개발회사를 감시하려 들 것이고, 그런 상황에서는 품질이 좋은 소프트웨어를 여유 있게 만들기 어렵다.

실리콘밸리 개발자들이 자신의 커리어를 걸고 프로덕트를 만드는 것처럼, 애자일 원칙을 지키는 개발사는 소프트웨어 개발회사로서 명성과 커리어를 걸고 일하기 때문에 더 자연스럽게 동기부여가 된다. 고객사가 시키는 일을 일방적으로 하는 개발회사는 커리어라고 할 만한 것을 만들기 힘들지만, 애자일 방법론으로 프로덕트를 함께 발전시켜나가는 개발사는 회사의 역량이 소프트웨어의 품질을 좌우하게 되고, 이는 회사의 커리어가 된다.

여기에서 알 수 있듯, 개발회사와 개발자의 관계가 데드라인 위주의 상하 관계가 된 것은, 고객사와 개발회사가 처음부터 그렇게 계약을 했기 때문이라고 볼 수도 있다.

고객사가 개발회사의 역량을 믿고, 스펙대로 만드는 하청업체가 아니라 함께 최고의 소프트웨어를 만들어가는 파트너로 생각한다면, 데드라인과 금액으로 산정되는 계약은 어리석은 계약으로 보일 것이다. 또 소프트웨어 업체들은 자사의 역량에 따라 제대로 가격을 책정할 수 있을 것이고 고객사의 만족도와 업계의 평판에 따라 회사의 몸값도 달라지게 될 것이다.

애자일 원칙을 모든 분야에 적용해보자

애자일은 원래 소프트웨어 개발원칙이다. 그렇지만 다른 분야에도 적용할 수 있는 몇 가지 기본원리들이 있다. 기본적으로는 항상 수정이 가능한 소프트웨어의 특성을 최대한 활용해서 고객과 시장의 변화를 수시로 반영하는 것이 애자일의 원칙이자 강점이다.

워터폴 방식은 설계가 한번 정해지면 수정할 수 없지만, 애자일 방식은 계속 발전하는 제품을 만들 수 있고, 데드라인이 없으며 항상 일정한 속도로 일을 하기 때문에 번아웃이 생기지 않는다. 애자일 원칙에서 배울 수 있는, 모든 분야에 적용할 수 있는 교훈은 다음과 같다.

제품을 통해 끊임없이 실험하고 소통하자

어떤 제품이든 실제로 써보면 느낌이 다르게 마련이다. 머릿속에서는 분명 유용한 제품도 실제로 손에 쥐어보면 불편한 경우가 매우 많다. 시장과 고객의 반응을 보고 빠르게 대처하면 계속 발전하는 프로덕트를 만들 수 있다. 물론 그 과정에서 고객과의 소통은 매우 중요하며, 개발자가 설계나 구현만 할 것이 아니라 직접 써보는 것도 제품을 빠르게 개선시킬 수 있는 방법이다.

제품을 시장에 내놓는 것은 그 자체로 하나의 실험이 될 수 있다. 그래서 제품을 만드는 것만큼이나 고객들의 반응을 수집하고 분석하는 일이 중요하다. 실리콘밸리에서 데이터 과학이 주목을 받는 이유도 제품의 반응을 체계적으로 알게 되기 때문이다. 웬만큼 큰 앱에는 사용자의 모든 행동이 저장되며, 데이터 과학자들은 빅데이터 기술을 통해 그 행동들을 분석하고 제품이 나아갈 방향을 제시할 수 있다.

보험상품 설계 등에도 이러한 원칙이 적용될 수 있을 것이다. 고객들과 꾸준히 만나서 그들의 요구를 깊이 이해하면 그들이 어떤 것에 신경쓰는지, 어떤 부분은 없어도 되는지 더 쉽게 알 수 있다. 책상 앞에서 생각하는 시간보다 고객과 대면하고 제품에 대해 토론하는 시간이 더 값진 시간이 될 수 있다.

일을 작게 나누어 협동하자

식당에서 음식을 주문하는 아이패드 앱을 만든다고 가정해보자.

기존의 한국 대기업처럼 워터폴 방식으로 만들면 엔지니어 A는 메뉴 구성 화면, B는 결제 페이지를 만드는 등 일을 큰 단위로 나누어 하게 된다. 각자 하는 일에 집중할 수는 있지만 두 페이지가 완전히 나누어져 있기 때문에 서로 무슨 일을 하는지 알 수 없고, 알 필요도 없으며, 소통도 하지 않게 된다.

반면 애자일 방식은 일을 매우 작게 나눈다. '메뉴 페이지를 만든다'가 아니라 '메뉴 페이지의 버튼을 추가한다', '메뉴 페이지의 버튼을 누르면 선택이 되도록 한다' 등 매우 작은 동작까지 세분화하고, 그 세분화된 일을 하나씩 나누어 한다. 이 경우 버튼을 추가하는 사람과 버튼을 눌렀을 때 행동을 구현하는 사람은 서로 소통하지 않을 수 없으며, 각자 다른 전문적인 시각에서 많은 피드백을 주고받게 된다. 한 사람의 눈만이 아니라 두세 사람의 눈으로 동시에 같은 것을 구현하는 것이다. 이렇게 하면 대충 구현하고 넘어가는 일이 없어지고, 높은 품질을 유지할 수 있다.

일정한 속도로 끝없이 가자

애자일 프로젝트는 끝이 없다. 데드라인도 없고 완료 시점도 없다. 고객이 완전히 만족할 때까지 계속 진행한다. 고객이 계속 기능을 추가하고 싶으면 영원히 계속한다.

애자일 프로젝트는 매우 장기적인 관점에서 생각해야 한다. '이것만 마치고 납품하면 당분간은 끝이다'라는 생각은 할 수 없다. 1년 후, 2년 후의 로드맵도 만들 수 있고, 그 로드맵이 수정에 수정을 거쳐 새로운 무언가로 변화하고 발전하는 과정이 계속된다. 또한 데드라인이 없으므로 엔지니어도 항상 같은 속도로 일하면서 예상 가능한 범위에서 자신의 삶을 꾸려갈 수 있고, 휴가도 갈 수 있으며, 육아에 힘쓰는 등 자유롭게 가족과의 시간을 계획할 수 있다.

데드라인을 정해놓는 것처럼, 끝을 정하는 것은 처음에는 빠르게 보일 수 있다. 그러나 시작과 끝을 반복하는 비용은 엄청나다. 저 멀리 보이는 빛을 보면서 걸어가는 것과 100미터마다 전력질주를 반복하는 것은 최종적으로 갈 수 있는 거리에서 엄청나게 차이가 난다. 후자의 방식으로 멀리 가려면 선수가 번아웃되어 다른 선수로 교체하는 것을 반복할 수밖에 없으며, 이 과정에서 경험 많은 팀 플레이어를 계속 잃게 된다.

따라서 밖에서 볼 때는 느려 보이지만 끊임없이 변화하고 방향을 바꾸어나가는 것, 이것이 제조업 마인드로 빠르게 만든 소프트웨어가 애자일 방식으로 만들어가는 소프트웨어를 따라갈 수 없는 이유이다.

프로젝트를 함께한 옆 팀은 위계조직이었다

할게요 vs. 고려해볼게요

회사 전체로 보면 역할조직이더라도, 팀 하나하나는 위계조직이 되기 쉽다. 나는 옆 팀과 1년 반짜리 프로젝트를 나누어 한 적이 있다.

옆 팀의 매니저는 아시아 출신으로, 역할조직에 대한 이해가 전혀 없었으며 팀을 매우 위계적으로 운영했다. 예를 들어 매니저 위의 디렉터가 "내년의 목표는 결제 인프라 시스템을 개발하는 것입니다"라고 하면 위계조직과 역할조직의 매니저는 각각 다르게 대답한다.

위계조직의 매니저: 네, 내년에는 우리 팀의 모든 자원을 총동원해서 결제

인프라 시스템을 개발하겠습니다.

역할조직의 매니저: 아, 그렇군요. 우리 팀은 지금 하고 있는 프로젝트가 있고, 하고 싶은 프로젝트가 있어요. 우리 팀과 논의해서 한번 정해볼게요. 회사 전체의 미션과 결제 인프라 시스템이 더 밀접하게 연결될 수 있으니, 더 높은 우선순위를 갖도록 해보겠습니다.

매니저가 프로젝트를 처음 시작하는 방식부터가 달랐다. 디렉터는 분명히 같은 이야기를 했지만, 매니저가 받아들이는 방식에 따라 각 팀에서 이 프로젝트는 전혀 다른 의미를 가지게 된 것이다.

토론으로 설계에만 3개월 vs. 스타 엔지니어의 설계

역할조직인 우리 팀과 위계조직인 옆 팀은 함께 결제 인프라 시스템의 부분을 맡아서 프로젝트를 시작했다.

우리 팀은 설계를 위해 지리한 토론을 시작했다. 최고의 시스템을 만들겠다는 일념으로 여러 가지를 생각해보고, 신기술도 검토해보고 각 부분에서 놓친 것은 없는지 상세하게 토론했다. 모든 팀원들이 참여해서 하다 보니 설계를 하는 데에만 3개월이 넘게 걸렸다. 하지만 그 과정에서 모든 팀원들이 프로젝트를 깊이 이해하게 되었고, 다른 팀원의 일 처리를 대신 하거나 의사결정을 내릴 수도 있게 되었다.

반면 위계조직인 옆 팀은 프로젝트가 시작된 첫날부터 엄청나게 바빴다. 설계는 가장 뛰어난 에이스 엔지니어의 머릿속에서 다 나왔는데,

그 설계안은 매우 뛰어났으며 거의 완벽했다. 설계를 한 에이스 엔지니어가 자랑스러워할 만했다. 그 팀원들도 그렇게 뛰어난 엔지니어를 가진 것을 자랑스러워했다.

하지만 모든 설계가 그러하듯 반대의견이 제기되거나 문제점이 지적되기도 했다. 그런데 주변 팀에서 문제점을 제기하면 그 에이스 엔지니어가 나타나 멋지게 자신의 설계를 방어해냈다. 모두 놀라움의 시선으로 그를 바라보았다.

그런데 그 설계안이 에이스 엔지니어의 명성, 권위와 연결되다 보니 문제제기를 하기가 어려웠다. 방어도 워낙 잘해서, 정말 확신이 있지 않으면 문제제기를 하기가 꺼려졌다.

A와 B 중에서 하나를 선택해야 하는 경우, 대부분 A에도 장단점이 있고 B에도 장단점이 있다. 우리 팀은 고민해서 A와 B의 틀에서 벗어나 장점들을 조합한 새로운 해결책인 C를 찾으려고 노력했다.

하지만 그 팀과 이야기할 때는 A와 B의 싸움이 되었다. 우리가 B의 장점을 이야기하면 그들은 자신들의 설계안에서 채택한 A 방식의 우월성을 강변했다. 나는 그렇게 싸울 자신도 없어서 이내 내 관점을 설명해주고는 토론을 포기하곤 했다. 어차피 둘 중 어느 방향으로 가도 가능은 하지만, 장기적인 관점이냐 단기적인 관점이냐에 따라 결과가 달라지는 문제였기 때문이다.

더 큰 문제는 그 에이스 엔지니어에게 물어보지 않고는 결정을 내릴 수 없다는 것이었다. 그의 머릿속에서 모든 설계도가 그려져 있고 의사결정이 이루어졌으므로, 그를 빼놓고 결정하면 다시 번복하는 경우가 많았다.

설계회의를 함께 하면 그 팀의 사람들은 "설계한 에이스 엔지니어에게 물어보고 다음 시간에 계속 토의하자"라고 하는 경우가 많았다. 회의를 통해 더 좋은 방안을 찾는 것이 아니라, 자기 팀의 아이디어를 설명하고 설계한 에이스 엔지니어의 판결을 기다리는 것이 의사결정 방법이 되어버렸던 것이다. 그래서 그 에이스 엔지니어는 휴가를 가기가 힘들었다. 휴가를 가면 프로젝트 전체가 멈추어버릴 수도 있었기 때문이다.

옆 팀에서는 언제나 "시간이 얼마 남지 않았어", "빨리 끝내버리자", "어젯밤에 세 시간밖에 못 잤어"라는 말이 들려왔다. 일을 그렇게 빨리 진행하는 것을 팀 전체가 자랑스러워했다.

한번은 그 팀의 팀원과 마음을 터놓고 이야기할 시간이 있었다.

나: 왜 그렇게 빨리 해? 어차피 1년 반짜리 프로젝트인데?

위계조직 팀원: 빨리 끝내면 좋잖아. 우리는 6개월 만에 끝내놓고 좀 느슨하게 1년을 보낼 거야.

나: 그래도 어차피 우리가 빨리 끝내지 않으면 그쪽 것만 출시할 수는 없잖아. 두 개가 합쳐져야 하나의 프로젝트가 되는걸?

위계조직 팀원: 우리 매니저가 6개월 안에 끝내면 승진시켜주겠다고 약속했어. 나는 아직 결혼도 안 했고 일할 시간도 많으니, 모든 것을 바쳐서 성장의 기회로 삼을 생각이야.

우리 팀은 이 프로젝트가 장기 프로젝트이므로 서두르다 너무 지쳐버리는 번아웃이 생기는 것을 막기 위해서 6시 이후에 코드 작업을 하는 것을 금지했다. 혼자서 집에서 코딩을 할 수는 있지만, 다른 동료들에게 리뷰를 요청하는 것은 엄격하게 금지되었다. 하지만 옆 팀을 보니 새벽 1시에도 메시지를 주고받으며 일하고 있었다.

옆 팀은 정말 6개월 만에 코드를 끝내버렸다. 그리고 다른 프로젝트를 시작했다. 아울러 그 프로젝트에 있던 팀원들은 대부분 승진했고, 성과가 높은 직원에게 주는 상도 받았다.

주인 잃은 개발 코드만 남았다

1년 후, 우리가 코드를 마치고 테스트를 시작할 때쯤 옆 팀의 코드가 충분한 테스팅을 거치지 않았다는 것을 알게 되었다. 1년 반의 프로젝트를 6개월 만에 마쳐버렸으니 충분히 테스트할 시간이 없었던 것이다.

또한 그동안 프로젝트가 진행되면서 많은 변화가 있었는데, 근본적인 것은 바꾸지 않고 그런 변화에 대해 땜질 방식으로 수용했기에, 코드 수정이 점점 어려워지고 있었다. 그런데 옆 팀원들은 이미 승진 후 다른 프로젝트에 투입되어 있었으므로 버그 수정 요청도 잘 받아주지 못했다.

결국 그들이 6개월 만에 만들어놓고 간 코드는 주인 없이 덩그러니 우리 팀 앞에 남겨졌다. 우리는 이제 우리 코드와 그 팀의 코드를 합쳐서 프로젝트를 론칭해야 했다. 그 코드를 잘 알고 있는, 그 팀에 소속되어 있던 사람들의 지원 없이는 정말 힘든 일이었다. 특히 그 팀원들은 중요한 설계에 대한 지적은 전혀 해결하지 못했다. 중요한 설계는 이미 팀을 떠난, 처음에 설계한 에이스 엔지니어 한 사람의 아이디어에서 별로 발전하지 못했고, 발전할 수도 없는 상황이었다.

그뿐만 아니라 옆 팀은 각자 자신이 맡은 부분만 하느라 옆 사람이 무슨 코드를 어떻게 쓰는지에 관심이 없었으며, 그렇다 보니 자신만이 알아볼 수 있는 방식으로 코드를 썼다. 다른 사람들이 그 코드를 보고 이해하기가 너무 어려웠고, 문서화도 충분히 되어 있지 않아 전체 흐름을 파악하는 데 큰 어려움을 겪었다.

물론 우리 팀의 코드가 완전무결한 것은 아니었다. 하지만 버그를 꾸준히 수정하고 토론에 토론을 거듭하여 1년이 지났을 때에는 큰 문제가 없을 것이라는 확신을 가질 수 있었다.

하지만 옆 팀은 코드를 만들어놓기만 하고 충분히 테스팅을 하지 않았기에 그 팀의 코드는 도저히 확신할 수 없었다. 결국 지리한 싸움 끝에 옆 팀의 일부 멤버를 테스팅에 투입하도록 설득했다. 그것도 그들의 매니저를 오랜 시간 설득해서 이루어진 일이었다.

번아웃1: 승진 후에도 넉다운 상태

그런데 진짜 문제가 생기기 시작했다. 위계조직인 옆 팀 사람들에게 번아웃이 일어난 것이다.

번아웃은 두 가지 형태로 나타났다. 한 가지는 이미 승진도 했고 높은 위치에 올랐으니 더 이상 힘든 코딩 일은 안 하고 조언만 해주겠다는 입장으로 돌아선 것이었다.

그들은 이미 프로젝트를 처음부터 끝까지 경험한 베테랑이 되어 있었고, 회사에서도 더 높은 레벨의 엔지니어로 승진을 시켜주었다. 그런데 그들은 코드를 더 이상 쓰고 싶어 하지 않았다. 그럴 만도 했다. 1년 동안 밤낮없이 일했으니, 그리고 중요한 동기였던 승진까지 했으니 더 이상 열심히 할 필요가 없었다. 옆 팀에 새로 들어온 팀원들은 1년 전의 팀원들처럼 밤이고 낮이고 일했다. 힘들게 일했던 선배들이 승진하여 여유롭고 편하게 일하는 모습이 그들에게 귀감이 되고 동기부여가 되었던 것이다.

반면 우리 팀은 시니어 엔지니어든 주니어 엔지니어든 일정한 속도로 직접 코드를 쓰고 있었고, 코드의 품질이 점점 높아졌다. 경험이 쌓이는 것은 정말 중요했다. 의사결정 하나하나의 질도 달라졌고, 여러 사람이 함께 작업을 하다 보니 우리 코드는 단순하고 읽기 쉬운 코드여야만 했고, 서로 소통하고 분업하는 과정에서 코드를 설명한 그림들도 많이 생겨났다.

우리는 코드를 네모와 화살표가 가득한 그림을 그려 벽에 붙여놓고 함께 토론했으며, 서로 정보 격차를 최소한으로 줄여야 의미 있는 토론이 될 수 있었으므로 항상 정보를 나누고 소통하는 데 집중했다.

번아웃2: 퇴사

두 번째 번아웃의 형태는 더 큰 타격을 주었다. 바로 퇴사였다. 실리콘밸리는 워낙 이직이 쉽다 보니 여기서 더 배울 것이 없다고 생각하면 바로 퇴사하는 사람이 많았는데, 옆 팀의 몇몇 사람들도 그랬다. 여기서 승진도 충분히 하고 프로젝트를 몇 개 하면서 많이 배웠으니 새로운 도전을 하겠다며 더 좋은 기회를 찾아 떠나버린 것이다.

물론 역할조직 팀에도 충분히 있을 수 있는 일이다. 문제는 그들이 지식을 공유하지 않고 떠났다는 것이다. 그래서 새로운 팀원들은 예전 팀원들이 각자 쓴 코드를 왜 그렇게 썼는지, 새롭게 한 줄 한 줄 상상하면서 분석해야 했다. 그들이 설명해주었다면 10분이면 해결될 문제에도 몇 시간이 걸렸다.

우여곡절 끝에 그 프로젝트는 론칭이 되었다. 그런데 옆 팀에는 처음에 설계한 개발자도 없고, 프로젝트를 함께한 개발자들도 이미 절반 이상이 없었다. 다들 지쳐서 떠나갔다. 더 나은 기회를 위해서라고 했지만, 대부분 승진을 해버린 이상, 동기부여가 더 되지도 않고 분위기도 너무 압박적이어서 지친 상태로 떠났던 것이다.

반면 역할조직인 우리 팀에는 아직 떠난 팀원이 없었다. 매니저가 이직했는데, 그것은 나에게 특히 자랑스러운 순간이었다. 그의 이직이 우리 프로젝트에 준 타격은 거의 없었다. 우리는 매니저 없이도 무엇을 해야 할지 스스로 결정할 수 있었고, 모든 정보를 공유하고 있었기 때문이다. 그 매니저는 자신의 역할에 맞게 팀원들의 능력을 한 팀으로 조화롭게 묶어냈던 것이다.

새 매니저가 오자 우리 팀원들은 각자 그를 교육했다. 많은 정보를 주었으며 우리 팀을 조화롭게 묶어내기 위한 팁과 각자의 시각을 설명해 주었다. 새 매니저도 금방 적응했고 우리 팀은 계속 순항했다.

구글의 모토로라 인수가 실패한 이유

우리 회사가 제조업 회사였다면 어땠을까? 제조업은 완제품이 나올 때까지 설계를 바꿀 수 없으므로 설계를 계속 고민하지 않는다. 설계대로 구현하는 것에는 토론과정도 지식의 공유도 필요없다. 애자일 원칙, 다시 말해 시장과 고객의 요구사항의 변화를 설계에 항상 빠르게 반영하는 원칙은 전혀 필요가 없어진다. 우리 회사가 제조업 회사였으면 옆 팀은 일을 잘하는 팀이고, 우리 팀은 일은 많이 하지 않고 노는 느슨한 팀으로만 보였을 것이다.

실제로 소프트웨어 분야에서는 전 세계에서 역할조직인 구글을 따라올 회사가 없지만, 그러한 구글도 하드웨어에서 큰 실패를 맛보았다. 구글이 야심차게 인수했던 모토로라도 크게 실패했고, 모토로라 휴대전화는 이제 시장에서 거의 사라져버렸다. 이처럼 혁신이 소수의 설계자로부터만 나오는 제조업에 역할조직을 동원하면 비효율이 발생한다. 반대로 혁신이 모든 사람으로부터 나와야 하는 소프트웨어 개발에 위계조직을 도입하면 비효율이 발생한다.

그런데 제조업으로 큰 성공을 거둔 우리나라에서는 제조업의 방식인 위계조직으로 금융, 보험, 소프트웨어, 콘텐츠 제작, 전자상거래 등 모든 분야의 일을 해왔다. 그리고 그로 인해 여기저기서 엄청난 비효율이 터져나왔다. 심지어 대기업은 '똑똑한 사람들을 데려가 바보로 만드는 곳'이라는 이야기까지 나왔다. 모두를 획일화하는 위계조직에서는 당연한 귀결이다. 전문가들의 전문성이 필요한 곳에 위계조직은 정말 어울리지 않는다.

실패하면 누가 어떻게 책임져야 할까?

구글은 실패로 이루어진 회사다?

위계조직이 혁신과 실패를 두려워하는 이유

위계조직에서 새로운 것에 대한 도전이 어려운 이유는 실패에 대한 두려움 때문이다. 성공했을 때의 보상보다는 실패했을 때의 피해가 훨씬 크기 때문이다. 그런 상황에서는 최대한 안전하게, 나를 평가하는 윗사람의 의도를 파악해서 일하는 것이 가장 좋은 전략이다.

실패의 확률을 최소화하는 것이 중요하므로 각종 비효율이 발생하고, 혁신과는 점점 거리가 멀어진다. 최신 기술을 도입하면 한두 번 클릭하면 되는 일을, 변화에 따르는 리스크를 감당하지 않기 위해 수십 년 된 소프트웨어로 불편한 반복작업을 하는 일이 많아진다.

실패하면 위로부터 질책이 내려오고 승진에도 영향을 미치므로, 꼼꼼하고 면밀하게 조사하고 설계해서 위험을 피하는 것이 중요하게 된다. 또한 큰 프로젝트를 실패하면 해고나 징계를 당할 수 있으므로 최대한 새로운 것은 하지 않는 것이 좋다고 생각하게 된다.

역할조직이 실패를 두려워하지 않는 이유

역할조직에서 개인에게 일어날 수 있는 가장 좋은 일은 최신 기술을 배우고 혁신에 기여하여 업계에 이름이 알려지는 것이다. 전문가들의 세계에서는 사내 승진보다 업계 경쟁력이 중요하다. 현재 회사를 떠나는 것은 그리 심각한 일이 아니지만, 퇴사 후 나를 찾는 회사가 없다면 큰 일이다. 그래서 전문성을 갖춘 사람들은 커리어와 포트폴리오 관리에 매우 신경을 쓴다.

포트폴리오 관리를 위해서는 새로운 것을 도입하고 혁신을 이루어내야 한다. 남들 다 하는 일을 하는 사람을 높은 연봉을 주고 스카웃을 할 회사는 별로 없기 때문이다.

그런데 항상 하던 것이 아니라 새로운 것을 하다 보면 당연히 실패의 확률이 올라간다. 역할조직은 각 프로젝트의 실패 확률이 매우 높다. 처음 해보는 것들이 많아서, 큰 프로젝트가 실패하는 일도 자주 일어난다. 구글의 예를 보면 쉽게 알 수 있다.

구글의 실패한 프로젝트는 너무 많아서 열거할 수도 없을 지경이다. 구글에서 'Google Graveyard구글 묘지'라고 입력해 검색해보면 매년 쏟아지는 실패한 프로젝트들을 수없이 볼 수 있다. 소셜 네트워크 구글 플러스, 메신저 구글 웨이브, 유행하는 소식을 알려주던 구글 버즈, 질문에 답을 바로 주는 구글 앤서스Answers, 웹페이지 일부를 공책에 스크랩할 수 있었던 구글 노트북, 소셜 검색 엔진 위키 서치, RSS 게시물을 모아서 보여주던 구글 리더, 구글 홈페이지에 다양한 가젯을 놓을 수 있었던 아이구글 등등.

몇몇 프로젝트는 당시 잠깐 유명했지만, 대부분 한 번도 이름을 들어본 적이 없는 수백 개의 실패한 프로젝트들을 볼 수 있다. 짧게는 2년에서 길게는 10년 넘게 실제로 서비스가 이루어졌던 제품들이다. 심지어 구글의 프로젝트 실패율은 2014년의 32%에서 2015년에는 55%로 갈수록 높아지고 있다. 구글은 수많은 실패를 거치며 이루어진 회사라는 것을 실감나게 하는 웹페이지이다.

실리콘밸리가 10%도 안 되는 성공 확률에 투자하는 이유

그렇다면 실패 후 그 프로젝트에서 일했던 사람들은 어떤 징계를 받았을까? 프로젝트마다 다르겠지만 대부분 어떠한 징계도 받지 않는다.

위계조직은 실패 확률을 낮추어야 하고, 실제로 실패 확률도 낮기 때문에 실패를 위한 시나리오나 예산을 편성하지 않는다. 반면 혁신을 위한 역할조직에서 실패한 프로젝트는 예산 낭비가 아니라 혁신을 위한 투자가 된다.

성공 확률이 90%인 프로젝트를 실패하면 아쉽고 후회할 만하지만, 성공 확률이 10%인 프로젝트를 실패하는 것은 당연한 것이다. 그 대신 성공했을 때는 큰 보상이 돌아오고, 실패하더라도 실패로부터 배울 수 있기 때문에 그 낮은 성공 확률에 베팅하는 것이다.

실리콘밸리는 10%도 안 되는 성공 확률에 투자한다. 다만 그런 프로젝트가 수백 개라는 점이 중요하다. 성공 확률이 10%인 프로젝트가 열 배의 이익을 가져다준다면, 열 개의 프로젝트에 투자해서 하나라도 성공하면 손해를 보지 않는다. 규모는 크지만, 오히려 아주 안전한 투자가 될 수 있는 것이다.

따라서 실패에 대한 책임을 개인이 지지 않고, 그렇다고 윗사람이 지지도 않고, 대표가 지지도 않는다. 실패는 회사가 감당해야 할 몫이고, 회사는 프로젝트에 엔젤 투자를 하는 것이다. 그리고 실무자들은 자신의 커리어와 명예를 걸고 멋진 프로젝트를 성공시켜, 커리어 포트폴리오를 업그레이드하기 위해 일한다.

윗사람의 칭찬을 받기 위해 일하면서 10%의 성공 확률에 인생을 건다면 그것은 어리석은 선택이다. 하지만 회사로부터 대가 없는 투자를 받고, 실패 확률은 높더라도 회사는 물론 세상까지 바꿀 수 있는 프로젝트에 도전할 수 있다면, 당연히 그것은 매우 신나는 일이며 열심히 할 수밖에 없다.

역할조직에서 실패에 대한 책임은 징계가 아닌 배움이다

실리콘밸리에서는 스타트업이 투자금을 받은 뒤, 그 돈으로 기업의 임원 등이 좋은 차나 비싼 옷을 사는 등 유용하는 일이 없다. 물론 개인 윤리와 투자금에 대한 활용 규정 등도 있지만, 세상을 바꾸는 프로젝트를 성공시키면 수백 배의 보상을 받을 수 있기에, 순간의 유혹에 빠지지 않고 열심히 일하게 된다.

회사 내에서도 마찬가지이다. 직원은 회사에서 시간과 연봉, 프로젝트를 위한 자금을 투자받는다. 시간을 자유롭게 쓸 수 있다고 해서 매일 노는 것은 바보 같은 짓이다. 낮은 확률이라 해도 열심히 해서 프로젝트를 성공시키면 회사뿐만 아니라 업계 전체에서 높은 평가를 받아 연봉이 천정부지로 치솟게 된다. 그러므로 지금은 실패하더라도 계속 새로운 것, 혁신적인 것에 도전하는 것이 합리적 선택이다. 그리고 그것은 자신의 인생을 통해 이룰 긴 여정이 될 것이므로, 단기간에 번아웃이 되지 않도록 스스로에 대한 관리도 잘 해야 한다. 다시 말해 회사가 나에게 일을 시켜서 열심히 하는 것이 아니라는 것이다.

내 커리어를 위해 일을 하면, 그 긴 여정을 위해 쉴 때는 쉬어야 하고 일할 때는 내가 가진 재능을 확실히 투자해야 한다. 회사가 재미없고 개인의 발전에 도움이 안 되는 일을 계속 시킨다면, 커리어를 생각하는 사람은 떠나는 것이 당연해진다.

앞에서 말했듯, 역할조직에서는 실패에 대한 책임을 개인이 져야 하는 일은 없다. 회사의 프로젝트를 위한 예산으로 감당한다. 이미 실패를 가정하고 시작한 프로젝트이기 때문이다. 따라서 각 개인은 그 프로젝트의 실패를 토대로 앞으로의 성공 확률을 높이려고 노력한다. 그래서 누가 잘못해서 어떤 손해가 났고 누가 징계를 받아야 하는지를 찾아내는 것보다는, 실패에서 배우고 10%의 성공 확률을 다음에는 어떻게 20%로 만들 수 있을지를 찾아내는 것이 중요하다. 실패로부터 제대로 배우기 위해 회사도 개인도 노력하는 것이다.

내 실수로 2만 달러가 사라졌다

회사에서 오후 5시에 내 코드를 디플로이deploy, 서버에 업데이트하고 퇴근했다. 디플로이는 내 코드를 추가하여 서비스를 업데이트하는 것이다. 그런데 퇴근 직전에 코드를 디플로이하는 것은 무책임한 일이 될 수 있다. 오류가 나면 쉽게 대응하기가 어렵기 때문이다. '설마 무슨 일 있겠어?' 하고 무심코 넘어간 것이 큰 실수가 되었다.

퇴근 후 저녁을 먹고 7시 반쯤 컴퓨터를 켜서 내 코드가 잘 작동하고 있는지 확인하다가 등골이 오싹해졌다. 회사 시스템에서 2만 달러가 사라진 것이다.

좀 더 들여다보니, 내가 환율을 바꾸는 코드에 버그를 만들어 영국 고객들에게 미국 달러가 아니라 파운드로 계산되어 돈이 지불되고 있었다. 100달러를 보내려고 했는데, 100파운드를 보내서 실제로는 160달러를 보낸 셈이 된 것이다.

급하게 디플로이한 코드를 리버트revert했다. 리버트란 문제가 된 내 코드를 없애고 다시 디플로이하는 것이다. 그러나 이미 몇 시간 만에 2만 달러, 우리 돈 2,200만 원이 넘는 돈이 사라진 뒤였다. 나는 밤새 이 돈을 어떻게 물어줘야 하나 고민에 고민을 거듭했고, 제대로 잠을 잘 수 없었으며, 꿈에서는 다음 날 매니저와 할 대화가 몇 번이나 반복되었다.

다음 날 회사에 가서 매니저에게 내 실수로 2만 달러가 사라졌다고 고백했다. 매니저는 잔뜩 위축되어 있는 내게 웃으면서 괜찮다고 말했다.

'괜찮다고? 2만 달러인데?'

의아해 하는 내게 매니저는 회사 프로젝트들의 위험부담이 0%일 수는 없기에 항상 이런 사고가 생기는 것을 가정해두고 있다고 설명했다. 나에게는 정말 충격적인 이야기였다. 그리고 그 매니저는 나에게 포스트모텀을 쓰자고 했다.

포스트모텀, 실수를 부검하다

포스트모텀post-mortem이란 라틴어로 '죽음 후'라는 뜻으로, 시체 부검을 의미한다. 즉 시체를 부검하듯 사고 후 어떤 문제가 있었는지를 자세히 분석하는 것이다.

나는 매니저의 제안에 따라 포스트모텀을 썼다. 어제 오후 5시로 돌아가서 내 코드 중에서 어떤 부분에 문제가 있었는지, 어떻게 발견했는지, 어떤 피해가 있었는지, 사고를 어떻게 수습했는지, 앞으로 이런 사고가 다시 일어나지 않으려면 어떻게 해야 하는지 등을 자세하게 썼다.

앞으로 퇴근 직전에는 디플로이를 하지 말아야 한다는 내용도 썼고, 자동화된 테스트를 통해 원래 송금해야 할 금액과 실제 송금 금액이 맞는지를 항상 체크하고, 둘이 다를 경우 이메일로 고지하고 송금을 맞추는 시스템도 제안했다. 이윽고 포스트모텀의 '제출' 단추를 누르려는데 그 옆에 이러한 문구가 쓰여 있었다.

"제출 시 포스트모텀이 모든 엔지니어에게 이메일로 전달됩니다."

꺄오~, 700여 명의 엔지니어에게 내가 어떤 실수를 했는지, 무책임하게 퇴근 직전에 코드를 어떻게 디플로이했는지, 어떻게 버그를 만들어 2만 달러를 날렸는지 전해진다는 것이다. 다시 한번 등골이 오싹했다. 하지만 절차상 안 할 수는 없는 일이었기에 '제출' 단추를 눌렀다. 그렇게 700여 명의 개발자에게 내가 한 끔찍한 실수가 이메일을 통해 전달되었다. 앞으로 한동안 승진을 기대하기는 힘들 것 같았고, 가슴이 덜컹 내려앉는 기분이었다.

그런데 10분쯤 뒤 이메일로 답장이 오기 시작했다.

"자세히 써줘서 고마워!"

"이 문제는 오래전부터 있었는데 드디어 해결이 되겠구나!"

응? 사람들이 나에게 고맙다고 했다. 왜 고맙다고 하지?

이것이 나의 첫 '비난하지 않는 포스트모텀blameless post-mortem 문화'의 경험이었다.

실수를 공유하되, 비난하지 않는다는 철칙

역할조직에서는 실수를 절대로 비난하지 않는다. 사람의 감정과 공포는 이성을 압도하는 경우가 대부분이다. 내가 비난을 받고 감정을 상하게 될 것이 예상된다면, 포스트모텀을 보내기 전의 나처럼 실수를 공유하는 일은 마지막까지 피하고 싶은 일이 될 것이다.

게다가 위계조직이라면 내가 실수를 저질렀을 때 윗사람이 징계를 받는다. 내 실수를 팀장이나 부장이 책임져야 하며 그들이 돈을 물어내야 할 수도 있다. 그런 상황에서는 실수를 숨기는 것이 최선의 선택이 된다. 내가 책임을 지는 것도 무서운 일이지만, 나 때문에 다른 사람이 책임을 져야 하는 것은 더 괴로운 일이기 때문이다.

그런데 만약 이렇게 개인에게 책임을 지게 하지 않고 방만하게 운영하면 직원들이 실수를 더 많이 하게 될까? 전혀 그렇지 않다. 자신의 실수를 인정하고 공론화하여 대안을 함께 만들면, 이런 실수를 막는 시스템을 만들 수 있다. 나중에 다른 엔지니어가 같은 실수를 하는 것을 미연에 방지할 수 있다.

여기저기 구덩이가 파인 길을 바짝 긴장하고 건너가는 것은 개인적인 차원에서는 대안이 될 수 있지만, 회사 전체적인 차원에서는 대안이 될 수 없다. 누군가가 구덩이에 빠졌으면 정신을 똑바로 차리고 다니라고 혼낼 문제가 아니다. 구덩이가 있다는 것을 회사 전체에 알리고, 포장공사를 해서 누구나 수월하게 다닐 수 있는 길로 만들어놓아야 한다. 그러면 모든 사람이 다른 생산적인 일에 더 신경을 쓸 수 있다.

포스트모텀을 하지 않으면 시체는 좀비가 되어 돌아온다

다음 인사평가에서 나의 포스트모텀은 실수에 책임을 지고 종합적인 대책을 수립하여 다시는 그런 오류가 나지 않도록 한 기여가 인정되어 승진에 도움이 되었다. 내 실수를 숨기면 다른 사람들도 그런 실수를 할 수 있으며, 결국 다른 사람의 더 큰 실수로 연결되어 더 큰 피해를 초래할 수도 있다. 포스트모텀을 하지 않은 시체는 좀비가 되어 돌아올 수 있는 것이다.

정리해보면, 포스트모텀을 최대한 많이 하여 실수를 유발할 수 있는 문제들을 최소화할 수 있게 장려하려면 개인을 비난하지 않고 문제를 해결하려는 노력과, 포스트모텀에 대한 체계적인 교육이 필요하다.

포스트모텀은 실리콘밸리 기업들이 인재들의 능력을 효율적으로 끌어올리는 데에도 큰 기여를 하고 있다. 정신 차리고 바닥을 항상 꼼꼼하게 체크하면서 걸어야 하는 사람, 그리고 길을 걱정하지 않고 앞을 보고 뛰는 사람의 속도의 차이라고 할 수 있다. 실제로 이제는 나뿐만 아니라 모든 엔지니어들이 환전 버그가 있을까 걱정하면서 코드를 쓰지 않아도 된다. 유닛(부분) 테스트, 인테그레이션(통합) 테스트, 트랜잭션 인테그리티(결제 무결성)테스트가 3중으로 실수를 방지해주는 시스템이 마련되어, 이제는 같은 실수를 하려고 하면 자동으로 그 코드를 올릴 수 없게 하기 때문이다.

제조업에서는 다른 회사에서 가지지 못한 기술을 독점하는 것이
초격차를 만들 수 있는 경쟁력이다.
반면 혁신산업에서는 누구나 쓸 수 있는 오픈소스 기술들을 가지고
새로운 개념을 만들어내는 것이 경쟁력이다.
아니, 경쟁할 필요도 없다.
세상에 없던 새로운 개념을 처음 만드는 것은
그 자체로 강력한 브랜드가 되기 때문이다.

4장

기술집약을 넘어 '개념설계'로

실리콘밸리에는 4차 산업혁명이 없다

우리나라에 4차 산업혁명 열풍이 한창이던 2017년, 내가 참여했던 많은 국내 컨퍼런스의 주제는 4차 산업혁명이었다. 인공지능, 공유경제, 블록체인이 4차 산업혁명이라고 했고, 실리콘밸리가 그 선두에 있다고 했다.

나는 4차 산업혁명의 공유경제를 대표하는 강사로 초청되곤 했는데, 미국에서는 4차 산업혁명이라는 말을 들어본 적도 없었다. 뭔가 실체를 알 것 같으면서도 모호했다. 나는 실리콘밸리 동료들에게 4차 산업혁명을 아느냐고 물어보았다.

"4차 산업혁명에 대해서 들어본 적 있어?"

"응? 산업혁명이 네 번이나 있었다고? 내가 알기로는 산업혁명은 영국에서 일어난 한 번밖에 없었는데?"

그렇다. 그러고 보니 나도 2차, 3차 산업혁명은 들어본 적이 없었다.

4차 산업혁명이라는 말에 실체가 없는 것은 아니다. 이 말은 다보스 포럼이라고 불리는 세계경제포럼에서 클라우스 슈바프 회장이 주창한 용어로 인공지능, 로봇, 나노테크, 빅데이터, 사물인터넷, 무인자동차 등의 기술혁신을 포괄하는 개념이다. 물론 제조업에 직접적인 영향을 미치지 않는 공유경제는 이 목록에 포함되지 않지만, 일부에서는 유휴자원의 최적화 측면에서 공유경제를 넣기도 한다.

그런데 왜 한국에서는 이 4차 산업혁명에 지대한 관심을 갖는데, 실리콘밸리는 이것에 관심이 전혀 없을까?

4차 산업혁명에 왜 관심이 없을까?

우리나라 경제의 기반이 되는 제조업에서 가장 중요한 것은 기술의 선점이다. 기술을 선점하여 인공지능을 넣으면, 같은 냉장고를 만들더라도 더 재미있고 유용한 기능이 있는 냉장고를 만들 수 있다. 그래서 우리 기업들은 저마다 어떤 기술을 가지고 있는지를 자랑하며 신기술에 민감하다. 인공지능과 블록체인 등 신기술이 등장하면 해당 기술 연구개발팀을 만들고, 기존 제품에 어떻게 적용할지 또는 어떤 신제품을 만들지 연구한다.

지금까지의 하드웨어적 기술에는 그러한 접근이 유효했다. 더 좋은 센서, 더 좋은 냉각기술, 고효율의 전력소비 등을 통해 냉장고의 기술적 진보를 이룰 수 있었고, 이러한 진보는 판매의 증대로 연결되었다. 그런데 4차 산업혁명의 기술에는 이러한 접근이 무용지물인 경우가 많다. 대부분의 기술이 소프트웨어 기술이기 때문이다.

실리콘밸리 기업들은 미션을 위해 끊임없이 발전하는 소프트웨어를 만든다. 에어비앤비는 '세계 어디서든 내 집 같은 편안함'이라는 미션 아래 그것을 가능하게 해주는 소프트웨어 플랫폼을 만든다. 페이스북은 '세상의 사람들을 연결해준다'는 미션, 구글은 '정보를 조직하여 모든 사람이 쉽고 편하게 쓸 수 있도록 해준다'는 미션, 그리고 우버는 '수돗물처럼 교통수단을 쉽게 활용할 수 있게 해준다'는 미션 아래 끊임없이 변화, 발전하는 소프트웨어를 만들고 있다.

애자일 원칙을 가지고 발전하는 소프트웨어를 만드는 회사들이 우리나라만큼 신기술에 관심을 가지지 않는 이유에는 크게 두 가지가 있다.

이유1 – 미션에 직접 연관된 기술에만 신경쓴다

우선 실리콘밸리 기업들은 자사의 미션과 직접적인 연관이 없으면 신기술에 투자할 이유가 없다.

에어비앤비가 '세계 어디서든 내 집 같은 편안함'을 느끼게 하는 데 인공지능과 블록체인이 무슨 소용일까? 그래서 에어비앤비는 각 기술에 대해 이해는 하고 있지만, 굳이 그 기술을 위한 팀을 만들어 어떻게든 제품에 적용하려고 시도하지는 않는다. 물론 자율주행차를 만드는 우버와 구글의 경우에는 직접적으로 인공지능이 필요하기에 인공지능 연구와 개발에 많은 투자를 한다.

그렇지만 어떤 회사도 4차 산업혁명이라고 불리는 신기술의 묶음에 모두 신경을 쓸 이유는 없다. 그때그때 필요한 기술을 가져다 쓰면 된다고 생각한다. 그래서 신기술에 우리만큼 관심을 가지지 않는 것이다.

이유2–기술은 공유하는 것이다

우리나라의 경우 평소에 투자를 해놓지 않으면, 필요할 때 해당 기술을 가져다 쓰는 것이 불가능하다. 모든 기업이 기술을 배타적으로 소유하고 그것을 경쟁력으로 삼고 있기 때문이다. 이로 인해 많은 기업들은 이미 경쟁기업이 만든 기술을 다시 중복적으로 만들어야 하고, 기술력 확보가 회사의 가장 중요한 자산이자 역량이 되었다.

하지만 실리콘밸리 기업들에게 기술은 아무때나 가져다 쓸 수 있는 도구에 불과하다. 바로 오픈소스와 SaaSSoftware as a Service, 서비스로서의 소프트웨어 때문이다. 이것이 실리콘밸리의 소프트웨어를 만드는 기업들이 우리나라만큼 신기술에 관심을 가지지 않는 두 번째 이유이다.

끊임없이 변화하는 소프트웨어를 만들기 위해서는 각 모듈을 떼었다 붙였다 하기가 쉬워야 하며, 기술도 항상 붙였다 떼었다 할 수 있어야 한다. 즉 한 회사가 쓰지도 않을 모든 기술을 가지고 있는 것은 비효율적이기 때문에, 각자 오픈소스 프로젝트를 가져다 쓰고, 자사가 만든 개선점을 다시 적용하여 오픈소스 프로젝트를 더 발전시킨다.

오픈소스 프로젝트들은 각 기업과 개인 개발자들이 함께 공유해서 쓰는 공용 도구상자와도 같다. 누구나 인공지능을 활용하여 프로덕트를 개선하고 싶으면 텐서플로우나 케라스 등 오픈소스 프로젝트를 활용하면 된다. 다시 말해 처음부터 인공지능 소프트웨어를 만들 필요 없이, 자신의 프로젝트에 맞는 데이터만 넣으면 되는 것이다.

빅데이터를 활용하기 위해서는 하둡Hadoop을, 멋진 웹 애플리케이션을 만들기 위해서는 리액트나 리덕스 등을 가져다 쓰면 된다. 내부에서 어떻게 돌아가는지 이해할 필요도 없고, 그저 가져다가 내 프로젝트에 쓰기만 하면 되는 것이다.

그런데 하둡을 가져오더라도 클러스터를 만들어 빅데이터를 처리하는 시스템을 구축하는 것은 쉬운 일이 아니다. 인공지능 소프트웨어가 오픈소스로 나와 있어도 그것을 활용하여 자율주행차를 만들기 위해서는 엄청나게 많은 데이터와 시간이 필요하다. 그래서 나온 것이 바로 SaaS, 즉 서비스형 소프트웨어이다.

서비스형 소프트웨어란 소프트웨어의 여러 기능 중에서 사용자가 필요한 서비스만 이용할 수 있도록 한 것이다. 이를테면 클라우드 등에 소프트웨어 시스템을 만들어 누구든 사용 설명서만 읽으면 자율주행차 인공지능도 사용할 수 있고, 빅데이터 분석도 할 수 있게 해준다. 어떤 개발자도 자신의 소프트웨어에 신기술을 쉽게 탑재할 수 있으며, 그에 들어가는 비용은 자체 개발 시의 막대한 비용에 비해 비교할 수 없을 만큼 저렴하다.

구글의 미래 vs. 제조업 마인드에 머무는 대기업

구글은 서비스형 소프트웨어의 최강자이다. 안드로이드는 모바일 앱 개발의 생태계를 만들어 모든 사람들이 쉽게 모바일 앱을 만들 수 있게 했다.

최근 구글이 집중하고 있는 웨이모Waymo는 어떤 자동차 회사든 구글의 서비스에 비용을 지불하면 자율주행차를 만들 수 있게 해준다. 전 세계의 수많은 자동차 회사들이 웨이모보다 더 좋은 자율주행 인공지능을 만들 확률은 극히 적다. 또한 웨이모는 여러 회사에서 많은 자동차에 적용되므로 엄청난 양의 데이터를 쌓아 갈수록 성능이 향상될 것이고, 나중에는 거의 독점적인 지위를 얻게 될 것이다.

구글의 이런 노력에 맞설 수 있는 세계적인 기업들은 손에 꼽는다. 그중 최고의 상대가 바로 삼성을 비롯한 우리 대기업이다. 하지만 우리 기업들은 아직 기술 개방보다는 독점을 추구하는 제조업 마인드로 경영 전략을 세우고 있는 것 같다. 스마트 스피커 시장에서 그 전형적인 예를 볼 수 있다.

기술보다 콘텐츠, 사용자 경험이 중요하다

우리 기업들은 저마다 인공지능 팀을 만들어 비슷비슷한 스마트 스피커들을 시장에 내놓는 전형적인 제조업의 전략을 취하고 있다. 어떤 회사도 저렴한 가격에 생태계를 만들 수 있는 '한국어 음성인식 서비스형 소프트웨어'를 내놓지 않았다.

우리 기업들은 저마다 음성인식 기술을 가지고 경쟁하고 있다. 국내의 어떤 스마트 스피커는 음성인식률이 좋고, 어떤 스피커는 음성인식률이 떨어진다. 그런데 음성인식 서비스형 소프트웨어 몇 가지가 음성인식률 생태계를 선점하여 모든 인공지능 스피커의 음성인식률이 비슷한 수준으로 올라간다면 어떻게 될까?

음성인식 서비스형 소프트웨어 회사는 서비스 비용으로 큰돈을 벌 것이며, 각 스마트 스피커는 음성인식 기술이 아니라 자신만의 콘텐츠와 사용자 경험으로 승부하게 될 것이다.

아마존과 구글, MS 클라우드에 주도권을 뺏기지 말자
—기술을 대중화하는 플랫폼 사업

실리콘밸리의 많은 회사들은 이처럼 한두 개 회사와의 비싼 라이센싱이 아니라, 서비스형 소프트웨어로 기술 생태계 전체를 장악하는 것을 전략으로 하고 있다. 이런 상황에서는 큰 회사들뿐만 아니라 작은 회사들, 심지어 서너 명짜리 개발팀도 얼마든지 스마트 스피커를 만들 수 있게 된다. 음성인식 서비스형 소프트웨어 시장은 아직 미숙하지만, 개발자들을 위한 도구와 빅데이터 기술 등은 서비스형 소프트웨어들의 각축장이 되고 있다.

우리나라도 오픈소스와 서비스형 소프트웨어로 최신 기술을 언제든지 쓸 수 있게 된다면, 4차 산업혁명에 대한 관심이 줄어들 것이다. 우리나라에서도 수년 전부터 플랫폼 사업이 중요하다는 인식은 가지고 있었으나, 제조업 마인드의 위계조직에서는 기술 공개와 오픈소스 활용에 대한 논의가 잘 이루어지지 않았다.

실리콘밸리의 기술 플랫폼 독점의 대항마가 되기 위해 가장 유리한 위치에 있는 것은 바로 지금의 우리나라 대기업들이다. 이들은 이미 많은 기술을 가지고 있기 때문이다. 그러나 아직은 제조업 기업으로서의 마인드 때문에 기술 공개와 기술을 저렴하게 많은 사람들에게 제공하는 것에 대한 두려움을 가지고 있다. 물론 두려운 것은 당연하다. 하지만 기술을 대중화하는 플랫폼 사업에 뛰어들지 않으면 아마존과 구글, MS 클라우드에 주도권을 내줄 수밖에 없다. 심지어 현재 우리 기업들이 가지고 있는 기술도 실리콘밸리의 클라우드 플랫폼을 활용하여 소비자에게 쉽고 빠르게 전달할 수 없으면 무용지물이 되어버릴 날도 멀지 않았다.

실리콘밸리는 신기술 자체에는 관심이 없다

빅데이터가 그러했듯, 블록체인과 인공지능도 서비스형 소프트웨어를 향한 길을 걷고 있다. 지금 기업들이 하둡으로 빅데이터 클러스터를 직접 만들지 않고 클라우드에 합리적인 비용을 내고 빅데이터 처리를 하는 것처럼, 블록체인과 인공지능도 직접 기술을 구현하는 사람은 아주 일부에 지나지 않을 것이다.

지금은 거의 모든 회사, 거의 모든 엔지니어가 빅데이터를 다룰 수 있다. API와 데이터베이스 기본문법인 SQL만 알면 어려운 빅데이터 이론 같은 것은 몰라도 된다. 마찬가지로 앞으로 수년 후에는 모든 엔지니어가 인공지능과 블록체인을 사용할 수 있게 될 것이다. 그것은 핸드폰 앱을 만드는 것보다 훨씬 쉬운 일이 될 것이다.

우리나라에서 4차 산업혁명은 '신기술'의 집합적 개념이다. 하지만 실리콘밸리의 관심은 신기술 자체가 아니라 기술을 활용하여 '세상에 변화를 줄 수 있는 프로덕트'이다.

새로운 프로덕트라고 해서 반드시 최신 기술이 들어가야 하는 것은 아니다. 기존 기술들과 신기술들을 적절하게 활용하여 최고의 사용자 경험을 주면 된다. 따라서 실리콘밸리 기업들은 이미 급속하게 오픈소스가 진행되고 있는 신기술 자체에는 관심이 별로 없다. 다만 그것으로 '무엇을 만들 수 있는지'에 집중하고 있다. 이제는 우리도 관점을 바꾸어야 할 때이다.

정신 차리자, 우리는 선진국이다

Is South Korea a developed country?

대한민국은 선진국일까?

A few index providers may disagree, but South Korea is widely regarded as having joined the developed world. The country has a strong per capita gross domestic product GDP, low infant mortality rate and high life expectancy, and offers its citizens widespread access to quality health care and higher education.

이견도 있겠지만, 대부분의 통계에서 대한민국은 선진국으로 나타난다.

> 한국은 1인당 국민총생산이 높으며, 낮은 영아 사망률과 높은 평균수명을 보이고 있다. 또한 시민들이 높은 수준의 의료와 교육을 누리고 있다.
> *Investopedia*, 2016. 9. 28

"우리나라는 선진국일까?" 라고 구글에 물었더니, 구글은 위와 같이 답을 하였다.

선진국은 모든 것이 완벽한 환상적인 나라가 아니다. 생산을 많이 하고, 교육수준이 높고, 좋은 의료체계의 보호 아래 오래 살 수 있는 나라가 선진국이다. 그러한 기준에서 보면 우리나라는 개발도상국이라기보다는 선진국에 훨씬 더 가깝다.

지금 우리가 가지고 있는 문제는 개발도상국의 문제라기보다는 선진국형 문제이다. 이를테면 높은 인건비로 제조업이 몰락하고, 혁신산업과 기존 산업이 충돌하는 상황, 저출산, 고령화 등은 전형적인 선진국형 문제이다.

우리는 외환위기가 터진 후에 "샴페인을 너무 일찍 터뜨렸다"라는 말을 많이 들어왔다. 외환위기 전후에는 그 말이 맞았을지 모른다. 하지만 이제는 그런 마음가짐이 오히려 우리의 새로운 도약에 방해가 되고 있다는 생각이 든다. 왜 그럴까?

2단 로켓의 동력이 필요한 때

우리나라의 눈부신 산업발전 과정을 되돌아보고 앞으로 변화해야 할 길을 제시한 『축적의 길』에서 서울대 이정동 교수는 우리나라가 1단 로켓은 제대로 분리되지 않고, 2단 로켓은 추진력을 얻지 못한 상태에 있다고 했다. 다시 말해 지난 시대 우리가 눈부신 산업발전을 해온 1단 로켓의 방식은 지금의 대한민국에서는 더 이상 발전의 동력이 되지 못하고 있다. 이제는 1단 로켓을 분리하고 2단 로켓에 새로 동력을 제공해야 하는 상태인 것이다.

우리가 개발도상국일 때에는 근면, 성실, 완벽주의가 필요했고, 실제로 그것이 힘을 발휘했다. 우리는 항상 도전하며 노력했고, 다른 선진국을 벤치마킹하며 외부의 변화에 맞추어 생존전략을 새로 수립해왔다. 그런데 어느 순간부터인가 그런 노력을 계속하면 할수록 더 이상 발전하기는커녕 모두가 괴로워졌다.

한 예로 많은 이들이 이미 세계 최고 수준의 인재가 될 잠재력을 가지고 있음에도 불구하고, 구태의연한 위계조직에 신입사원으로 입사하여 위의 눈치만 보면서 자신이 얼마나 성실하고 근면한지를 증명해 보여야 한다. 그 결과 전문성과 재능을 살리지 못하고 그저 그런 직원들이 되어버린다. 또한 그나마 전문성을 갖출 경력이 쌓일 때쯤이 되면, 순환보직이나 관리자로 전환되어 자신의 전문성을 세계 최고 수준으로 높일 기회를 잃어버린다. 그렇게 성장한 비전문가들이 일하는 기업은 이미 정해진 일은 잘할 수 있지만, 새로운 혁신과 『축적의 길』에서 말하는 개념 설계는 제대로 할 수 없었다.

경영진 또한 치열한 경쟁에서 빠져나오는 데 어려움을 겪고 있다. 삼성의 반도체처럼 빠른 상황판단과 실행력, 그리고 기술혁신으로 초격차를 벌려놓을 수 있는 분야가 있는 반면, 사용자 경험의 혁신, 새로운 개념 설계 없이는 경쟁력을 가질 수 없는 분야도 점점 많아지고 있다.

게임의 규칙을 바꾼 테슬라의 혁신

자동차 시장을 예로 들어보자. 현대자동차는 해외 유명 자동차 제조사들과 어깨를 나란히 할 정도로 역량을 키워왔고 다양한 기술혁신을 이루어왔다. 디자인의 혁신도 이루어 세계 어디에 내놓아도 손색없는 차를 만들었다. BMW, 벤츠, 토요타, 혼다, 포드 등 세계의 유명 자동차 회사들과 품질과 기술에서 무한경쟁을 벌여왔고, 끊임없는 경쟁 속에서 생존해왔다.

하지만 실리콘밸리발 '테슬라의 혁신'은 게임을 바꾸어버렸다. 테슬라 이전에 세계의 자동차 회사들은 엔진 성능, 승차감, 부드러운 코너링, 조용한 실내, 최신 기술의 도입, 가격, 연비 등을 가지고 경쟁했다. 전기차와 수소차 등 미래 기술도 연구했지만, 기본적으로 기존의 가솔린 기반 기술에 대한 투자를 최대한 활용하기 위해서는 새로운 에너지원으로의 전환이 최대한 늦게 이루어지는 것이 유리했다.

그런데 테슬라는 자율주행이 가능한 100% 전기차를 시장에 내놓았다. 테슬라는 새로운 개념 설계를 통해 자동차이지만 기존 자동차와는 전혀 다른 기준으로 평가받는, 새로운 게임의 룰을 따르는 자동차를 만든 것이다.

테슬라의 미션

여기에서 주목할 점은 테슬라의 목표가 처음부터 '세계 최고의 자동차를 만드는 것'이 아니었다는 데에 있다.

테슬라가 세계 최고의 자동차를 만들려고 했다면, 세계 최고의 자동차들의 장점과 현재 생산되는 자동차와의 격차를 분석하여 그 차이를 보완하고, 그보다 한층 더 좋은 차를 만들려고 노력했을 것이다. 사실 이것은 전 세계의 모든 기존 자동차 회사들이 이미 하고 있는 경쟁방식이기도 하다. 예를 들면 현대자동차는 토요타, BMW, 벤츠 등을 벤치마킹하고 빠르게 뒤쫓아 역전을 하려고 한다. 하지만 테슬라의 목표는 처음부터 '최고의 자동차를 만드는 것'이 아니라 '인류의 에너지 문제를 해결하는 것'이었다.

테슬라는 이미 세계 최고의 자동차를 만들어 동급 자동차에 비해 두 배가 넘는 가격에 판매하고 있으며, 구매를 원하는 많은 이들이 예약을 하고 기다리고 있다. 하지만 테슬라는 인류의 에너지 문제를 해결하겠다는 미션을 이루기 위해서 전기자동차의 운행거리를 혁신적으로 늘려갔으며, 자율주행 기술을 적극적이고 공격적으로 적용해서 시장을 선점했다. 그 결과, 안전한 성장을 이룬 회사에 비해 훨씬 더 높은 가격으로 자동차를 팔 수 있었다.

진보를 위한 하나의 방향 vs. 미션에 따른 다양한 방향

테슬라는 아직 목표를 이루지 못했다. 그들의 미션인 전 인류의 에너지 문제가 해결되지 않고 있기 때문이다. 따라서 테슬라는 앞으로도 전 인류의 에너지 문제 해결을 위해 가솔린과 디젤 엔진을 없애고, 재생 가능한 에너지로 대체하기 위해 혁신을 계속 이어나갈 것이다.

전 세계의 자동차 회사들은 자사만의 미션을 갖지 않는 이상, 테슬라의 공격적 진보를 따라가기 바쁠 것이다. 개발시대에 진보의 방향은 최고의 모델을 향한 하나의 방향이었지만, 현재는 진보의 방향이 회사의 미션과 비전에 따라 다양해질 수 있다. 더 이상 누구를 따라가는 것으로는 경쟁력을 가질 수 없는 것이다.

비싼 노동력을 기꺼이 이용하라

개발도상국은 중간 정도의 숙련된 저렴한 노동력을 이용하여 해외시장을 개척해 경제발전을 이룬다. 그러나 우리나라는 이미 선진국이다. 전문가적 실력을 갖춘 대졸 고학력 노동자들이 대기업 노동력의 대부분을 차지한다. 또한 이미 가격경쟁력과 기술경쟁력은 중국에 뒤처지고 있다. 한마디로 더 이상 개발도상국 방식으로는 발전하기 힘든 한계에 다다른 것이다.

선진국형 산업은 전문적이고 비싼 노동력을 이용해서 높은 이익을 남길 수 있어야 한다. 애플, 페이스북, 구글, 트위터, 에어비앤비, 우버 등 실리콘밸리 기업들은 대학을 갓 졸업한 사람에게 2억 원에 가까운 높은 연봉을 주고 있다. 그럼에도 불구하고 새로운 개념들을 설계하고 창조해나가며 혁신을 이루어내고 있기 때문에 이익률이 매우 높다.

페이스북의 경우 2017년 3분기의 직원 1인당 순이익이 18만 달러약 2억 원, 매출은 45만 달러약 5억 원이다. 이는 직원 1인당 연간 8억 원 정도의 순이익을 벌어들인 것이다. 구글의 경우에는 직원 1인당 분기 순익이 4만

6천 달러약 5천만 원, 매출이 34만 달러약 3억 7천만 원였다.

'학생들의 리그'에서 '성인들의 리그'로

우리나라는 더 이상 개발도상국이 아니다. 기존의 제조업 위주의 위계 조직을 고수하다가 가격경쟁력과 기술경쟁력에서 밀려서 발전에 한계가 온 지금, 이제 우리도 선진국임을 인정하고, 그에 걸맞은 산업체제로 변모해야 한다. 진짜 게임은 이제부터 시작이다.

지금까지의 리그가 계속 성장하는 '학생들의 리그'였다면, 이제야말로 성인들끼리 겨루는 '성인들의 리그'에 들어선 것과 같다.

노력이 아니라 재능 활용이 승패를 가른다

성인들의 리그에서는 '노력'이 아니라 '재능'의 활용이 승패를 가른다. 고등학교 축구팀의 선수들은 재능도 중요하지만, 잘 먹고 잘 크고 한 발이라도 더 뛰면 한층 성장할 수 있다. 하지만 프리미어리그의 선수들은 더 이상 신체적으로 성장하지 않는다. 그들에게는 지금 가진 실력과 재능을 어떻게 하면 더 고도화하는지가 중요하다.

다시 말해 세계 최고 축구선수인 메시에게 중요한 것은 훈련장의 '근면성실'이 아니라, 그의 능력을 최대로 활용할 수 있게 하고 그의 역할을 극대화하는 '팀 전략'이다.

선진국형 설계 집약적 산업

지금까지의 우리나라 산업은 농업에서 노동집약적 경공업을 거쳐 기술집약적 제조업으로 발전해왔다. 그리고 우리가 앞으로 가져야 할 새로운 산업체제는 새로운 것을 만들 수 있는, 개념 설계 능력을 중시하는 설계 집약적 산업이다.

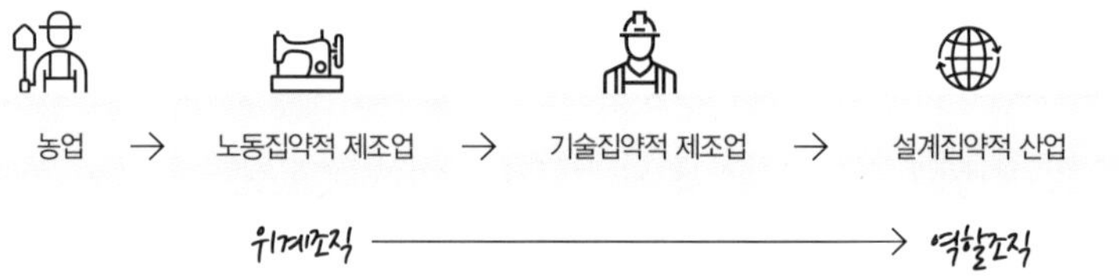

여기서 '설계'란 새로운 개념을 만들어 시장을 창조하는 것을 말한다. 이처럼 새로운 것을 창조하는 설계는 노동시간은 적지만 그 보상은 엄청나게 크며, 독점시장을 만든다. 우리는 실리콘밸리 기업들에게서 이런 예를 숱하게 볼 수 있다.

구글은 새로운 형태의 정보 제공 플랫폼을 만들고 있고, 페이스북은 새로운 형태의 소셜네트워크를 설계했으며, 우버는 새로운 형태의 교통수단을 설계했고, 에어비앤비는 새로운 형태의 여행을 설계해가고 있다. 그들은 낮은 이익률로 승부하며 경쟁하지 않는다. 새로운 개념을 만들어 시장을 창조한다.

스케일을 키워라, 다양성을 존중하라

우리나라 기업들도 이와 비슷한 서비스나 제품을 만들었다. 페이스북보다 먼저 싸이월드를 만들었고, 아이팟 이전에 아이리버 MP3 플레이어를 만들었다.

그런데 개념 설계는 하나의 아이디어만으로 되는 것이 아니다. 새로운 개념을 세계로 전파하기 위해서는 전 세계 수준의 스케일이 필요하다. 그러기 위해서는 전 세계의 사람들이 모여 함께 제품을 만들어야 한다.

또한 전 세계 사람들이 모이기 위해서는 다양성을 존중하는 문화가 필요하다. 종교, 인종, 가치관, 성 정체성 등에 따라 사회에서 지위와 인권을 침해받지 않고, 전 세계 사람들이 각자의 생각을 자유롭게 펼치며 일할 수 있어야 한다.

산업화 시대에는 국가주의와 민족주의를 내세운 획일화가 매우 중요했다. 획일화된 조직이 빠르게 움직일 수 있기 때문이다. 명령체계 안에 중국인, 일본인, 프랑스인, 미국인, 독일인, 가나인, 멕시코인이 함께 있다면 빠르게 움직일 수가 없다. 언어뿐만 아니라 각자 가치관의 차이도 문제가 되어 명령에 항명을 할 수도 있다.

우리나라는 박정희 시대에 이순신 장군 등 역사적 위인들의 재조명, 국민교육헌장 등을 통해 국민의 자긍심을 고취시키고 배타적인 민족주의를 강화시켰다. 그 과정에서 인간으로서의 자유와 인권 등이 억압된 부분도 분명 있었지만, 한편으로는 우리가 개발도상국으로서 눈부신 발전을 거두는 데 영향을 미친 면이 있다.

하지만 선진국이 되어 새로운 개념을 설계해야 하는 지금, 이제 민족의 테두리를 벗어나 다양성을 존중하는 문화가 절실하게 필요하다. 콘텐츠나 소프트웨어 시장의 경우, 우리나라에서는 자연스럽게 받아들여지고 문제를 느끼지 못하는 인터페이스나 스토리 등이 다른 문화권에서 볼 때는 치명적인 금기나 모욕이 될 수도 있다.

일본의 '모두의 골프すべてのゴルフ'라는 플레이스테이션 게임에서는 골프장 사장이 나와서 나를 맞이하고, 귀엽고 예쁜 캐디가 등장해 나를 응원해준다. 한국에 있을 때에는 별 생각 없이 이 게임을 봤는데, 미국에서 몇 년간 지내고 보니 권위주의와 여성에 대한 억압, 성 상품화로 가득한 게임으로 보여 불편했다. '개념 설계의 시대'에는 이러한 미묘한 문화적 차이에도 매우 민감해야 한다.

다양성은 글로벌한 제품을 만드는 것뿐만 아니라, 획일화된 제품에서 벗어나 유일무이한 창의적인 제품을 만들어내는 데에도 유리하다. 다양성은 개인의 아이디어와 정체성을 존중해주는 개념이고, 대세보다는 개성을 중시하는 개념이다. 기존의 획일화되고 검증된 방식을 벗어나서 생각하는 것은 다양성을 중시하는 문화에서는 가장 기본적인 사고방식이다. 기존의 틀을 깨는 것은 창의적으로 새로운 개념을 설계하는 첫걸음이고, 다양성 없이는 그러한 방향으로 신개념의 제품을 만들어갈 수 없다.

혁신이 불러오는 일곱 가지 변화

미국은 이미 30년 전부터 혁신이 시작되었다

실리콘밸리 기업들이 원래부터 근본적으로 우리와 달랐던 것은 아니다. 미국도 구글 이전에는 거의 모든 기업이 위계조직이었고, 1970년대까지는 제조업이 주를 이루었다.

미국도 우리와 같은 변화를 겪었다. 후발주자들에 의해 누구나 따라할 수 있는 제조업이 무너졌다. 임금은 오르고, 기술혁신은 실제로 기술을 가지고 제품을 만드는 나라들의 경쟁력을 이길 수 없었다. 그래서 그들은 제조업 국가들이 따라올 수 없는 새로운 방식을 찾았다. 바로 다양한 나라에서 온 최고의 인재들이 모여 새로운 개념을 창안하기 시작한 것이다.

선진국은 연봉이 높고 삶의 질이 높기 때문에 전 세계의 인재들이 모이게 된다. 이러한 환경 속에서 고효율의 제조업에서 벗어나 효율보다 새로운 도전을 중시하는 문화가 생기게 되었고, 이러한 변화 끝에 다양한 재능을 최대로 활용할 수 있는 역할조직이 자연스럽게 생겨났다. 그리고 그러한 회사들이 모여 실리콘밸리를 이루게 되었다.

앞에서 말했듯, 이제는 선진국 대열에 들어선 우리나라에서 여전히 기존의 관성에 따라 사고하고 행동하는 기업은 '가격경쟁력과 혁신의 부재'로 큰 위기를 맞이하고 있으며 앞으로 그 위기는 더욱 가속화될 것이다. 따라서 기업들이 역할조직으로 변모하고, 혁신 위주의 성장을 도모하는 것은 생존을 위한 자연스러운 선택이 될 것이다.

하지만 국가적 관점에서 보면 각 기업이 생존을 위해 변모하는 것보다, 새로운 기업이 생기고 기존 기업이 위축되거나 없어지는 것이 더 빠르게 변화를 가져오는 길이다. 마이크로소프트를 변화시켜서 구글을 만들고, 포드 자동차를 변화시켜 테슬라를 만드는 것은 매우 어려운 일이다. 이러한 큰 변화는 아예 새로 시작하는 것이 나을 때가 많다.

미국은 제조업이 흔들리기 시작한 1970년대부터 천천히 이러한 변화를 진행해왔다. 미국은 광대한 영토로 인해 중부지역에서 디트로이트를 중심으로 한 제조업이 몰락하는 것이 서부지역에 큰 영향을 미치지 않았다.

한편 우리나라는 이런 변화를 수년 이내에 이루어내야 하는 큰 도전에 직면해 있다. 대기업의 위축은 대량해고와 수출 감소로 큰 혼란을 낳을 것이고, 스타트업은 대기업과 서민들의 큰 저항을 이겨내고 성장해야 할 것이다. 스타트업의 이익이 대기업이나 자영업자들의 이익과 서로 배치되기 쉽기 때문이다. 이를테면 식료품, 특히 신선식품 새벽배송으로 급격히 성장한 마켓컬리 같은 스타트업은 백화점, 대형마트뿐만 아니라 쿠팡 등 기존 온라인 쇼핑몰, 동네 가게의 시장을 잠식한다. 이처럼 스타트업은 기존 시장과 산업, 기업 지형을 뒤흔듦으로써 이들의 이익과 배치되는 경우가 많다. 아울러 우리나라가 직면하고 있는 급격한 변화는 교육에도 영향을 미칠 것이다. 또한 지금까지 획일화된 교육이 전문성을 강조하는 교육으로 빠르게 변모할 것이다.

선진국으로 바뀔 때의 변화

개발도상국 체제에서 선진국 체제로 바뀔 때, 개인과 사회, 국가가 겪게 될 변화는 다음과 같이 요약할 수 있다.

개발도상국과 선진국의 차이

	개발도상국	선진국
핵심역량	빠른 실행, 기술 집약	혁신 개념 설계
정치	계도와 지원, 기업 규제 강화	인프라만 만들고 직접 지원은 지양, 규제 완화
사회	획일화, 국가주의	다양성, 개인주의
경영진	계획과 설계	경영 전문가
실무진	빠른 실행, 충성	전문가, 커리어와 브랜드 관리
인사평가	성과주의	기여주의
학생	빠른 실행을 위한 기술 학습	적성 탐색, 개인 브랜드 설계

개발도상국의 성공공식은 비슷하다

개발도상국의 성공공식은 간단하다. 모든 개발공식이 비슷한 모습을 띠고 있다. 저임금의 노동자가 소수의 기술자들이 설계한 시스템을 최대한 빨리 만들어 수출을 해서 외화를 벌어온다. 그러기 위해서는 빠른 실행력과 다른 개발도상국이나 기업과 격차를 벌릴 수 있는 기술 집약이 필요하다.

개발도상국일 때의 일본, 한국, 중국, 싱가포르, 대만을 생각하면 대부분 비슷비슷한 이미지이다. 모두 열심히 일해서 제조업으로 수출을 많이 해서 성장한 나라들이다. 마치 학생들이 서로 비슷한 것을 좋아하고 추구하는 것과 같은 느낌이다. 모두가 일본의 모델을 벤치마킹하고, 한국과 중국의 성공을 보며 재현하려고 노력하고 있다.

선진국의 성공공식은 없다

반면 선진국에는 성공공식이 없다. 미국, 프랑스, 영국, 독일 등을 생각해보면 산업의 모습도 제각각이고, 국가 이미지도 제각각이다. 각자가 잘하는 것도 다르다.

미국은 소프트웨어 위주의 테크 산업, 프랑스는 관광문화사업과 낙농업, 영국은 금융사업, 독일은 하이테크 제조업이 주로 발달했다. 그들은 항상 새로운 개념을 만들어가며 자신만의 색을 찾는다. 즉 다른 나라를 벤치마킹하지 않는다.

선진국들은 높은 임금수준과 교육수준을 가진 국민들이 이제까지 세상에 없던 새로운 개념들을 만들어나간다. 시장의 룰에 따르기만 해서는 개발도상국과의 경쟁에서 버텨낼 수 없으며, 새로운 시장을 만들고 자신만이 할 수 있는 일을 찾아야 한다. 그래서 선진국의 핵심 역량은 완벽주의가 아니라 혁신 개념설계라고 할 수 있다.

정치의 역할이 달라진다

개발도상국 시절의 우리는 국가의 발전을 위해서 전체가 한 방향으로 달려갔다. 그리고 정치적 논쟁은 대부분 누가 옳으냐 그르냐에 달려 있었다. 경제발전만이 지상의 과제였고 인권이 탄압받았으며 부정부패가 만연했다. 그래서 정치는 옳지 못한 것에 대한 저항이자 싸움이었다.

아직도 인권, 부정부패와 정경유착이 문제가 되지만, 이제 우리에게는 다양성의 시대에 다양한 이해 당사자들 간의 분쟁을 해결하는 것이 지금보다 큰 문제로 다가올 것이다. 정치는 이해 당사자 간의 첨예한 대립을 어떻게 푸는지에 집중하게 될 것이다.

이를테면 세계와 경쟁하며 살아남아야 하는 대기업의 입장, 중소기업의 입장, 그들에게 고용된 임금 노동자의 입장, 그리고 기존 경제질서를 파괴하려는 스타트업의 입장과 이해관계는 첨예하게 다를 수밖에 없다.

경제주체 간에 누가 옳으냐 그르냐, 또는 어떠한 방향이 국가와 민족의 발전에 더 도움이 되는가는 필요하고 중요한 논쟁이긴 하지만, 자칫하면 의미 없는 소모적인 논쟁으로 흐를 수도 있다. 스타트업의 이익이 옳을까, 수출을 주도하는 대기업의 이익이 옳을까, 서민의 이익이 옳을까? 또는 국가와 민족의 미래에 혁신이 도움이 될까, 수출이 도움이 될까, 서민경제를 살리는 것이 도움이 될까?

결론부터 이야기하면 모두 도움이 된다. 개발도상국 시대처럼 어느 한 방향으로만 갈 수 있는 문제가 아니다.

공유경제 vs. 택시의 문제

각 경제주체는 자신의 이익을 실현하기 위해 치열하게 대립하게 마련인데, 이것들을 어떻게 해결해나갈 것인가가 더욱 중요하다. 개발도상국에서 벗어나 선진국으로 들어간 이때, 이제 더 이상 누가 옳으냐 그르냐 다투는 것만으로는 다양한 이해관계를 담아낼 수 없다.

공유경제와 택시의 문제를 예로 들어보자. 우리나라는 자가용으로 돈을 받고 무분별하게 영업하는 사람들로부터 택시산업을 보호하고 시민들의 안전을 지키기 위해서 자가용 운송 영업을 막는 규제를 해왔다. 서민과 산업 보호를 위해 너무나도 당연한 규제이다. 하지만 이러한 규제는 공유경제의 새로운 혁신적 시도를 막고 있다.

혁신 위주의 스타트업 경제는 새로운 시도를 위해 규제를 줄이는 것이 중요하다. 산업을 보호하고 서민의 안정적인 삶을 보호하기 위해서 적용해온 규제들을 없애야 한다. 누가 옳은가? 서민의 삶과 국민의 안전을 지키는 것도 옳고, 공유경제를 활성화하는 것도 옳다. 더 이상 옳고 그름만으로는 판단할 수 없는 문제인 것이다.

지금까지 우리나라는 이러한 결정도 위계적으로 대통령, 정부 등 윗사람의 처분으로 해왔다. 하지만 권위주의 정권 시절과 달리, 이제는 국가의 미래를 위해 옳다는 주장으로 스타트업의 손을 들어주고 나머지를 희생시키거나 할 수는 없다.

그러므로 이해 당사자들이 서로의 입장을 가지고 치열한 토론을 통해 서로 타협하고 합의를 해낼 수 있어야 한다. 그리고 그러한 사회적 합의에는 일정한 규칙이 있는 것이 중요하다. 일정한 규칙이 없으면 자칫 극단적이고 폭력적인 싸움이 되어버리며, 문제의 본질보다 이념과 진영 싸움이 되어버릴 수도 있다.

축구가 건전한 스포츠인 것은 규칙이 있기 때문이다. 규칙 없이 골대만 있다면, 경기 도중에 극단적 대립과 폭력적 충돌이 일어날 수 있다. 축구는 제대로 된 규칙을 마련하는 것으로 투쟁이 아니라 스포츠가 되었다. 이처럼 이해 당사자 간 분쟁을 해결할 수 있는 규칙을 마련하면, 정치 또한 투쟁이 아니라 자연스러운 사회적 활동이 된다.

이해 당사자 간의 합의를 위한 규칙은 미국처럼 정치 후원금이 될 수도 있고, 설문조사가 될 수도 있고, 숙의제도가 될 수도 있을 것이다. 또는 우리나라만의 다른 무언가가 될 수도 있다. 단순한 대치 구도 속의 궤변에 가까운 말싸움과 힘싸움이 아니라 실질적으로 의사결정을 내릴 수 있고, 다양한 이해관계가 다양하게 반영될 수 있는 방식이 필요하다.

미국의 경우 겉으로는 양당제이지만 사안별로 후원금에 따라 국회의원 각자의 입장이 달라진다. 우리도 정치인들이 매우 작은 단위까지도 세심하게 대표할 수 있는 체제가 필요하다. 일례로 2019년 현재 우리나라 정치권에서 노동자와 대기업을 대표하는 세력은 있지만, 스타트업의 이익을 대표하는 세력은 없다.

산업화 시대에는 민족주의와 국가주의가 우리 사회를 지배하였다. 국민의 역량을 하나의 획일화된 틀로 모으는 이러한 체제는 발전의 방향이 명확한 개발도상국이 최고의 속도로 개발의 임무를 완수하는 데 중요한 원동력이 되었다. 하지만 개발도상국 단계를 넘어서기 시작한 현재의 우리 사회는 한국인은 물론, 이민자들의 다양한 가치관에도 관용적인 사회가 되어야 한다. 이는 산업화 시대를 이끌었던 민족주의, 국가주의와 정면으로 배치된다.

우리나라가 혁신경제로 이양한다면 가장 어려운 일이 '단일 민족사회'에서 '다양성의 사회'로 변모하는 일일 것이다.

단일 민족사회에서 다양성의 사회로

예를 들면 이제는 판교 테크노밸리에 인도, 중국, 유럽, 아프리카, 동남아시아의 엔지니어가 가득할 수 있는 환경이 되어야만 한다. 그들은 지금까지 막연히 별도의 존재로 생각해온 '외국인 노동자'가 아니라 한국의 일부가 될 것이고, 돈도 많이 벌 것이다. 그들이 우리에게 혁신의 원동력을 제공하는 만큼 우리 문화도 바뀔 것이며, 우리는 더이상 단일 민족국가가 아니게 될 것이다. 국내 고급 레스토랑들에 중국, 동남아, 유럽, 아프리카, 인도에서 온 사람들이 각자의 언어로 즐기며 자리를 차지하고 있을 것이다. 아직까지 우리에게는 꽤나 낯선 풍경으로 생각될 것이다. 지금까지 외국인 노동자는 도심에서 멀리 떨어진 어딘가에 모여 있는 사람들이지, 도심 한가운데에서 우리와 함께 사는 사람들이 아니라고 생각했기 때문이다.

그렇다면 이렇게 다양성을 포용하는 문화를 어떻게 만들 것인가?

실리콘밸리에서는 이미 이것이 현실이 되어 있다. 실리콘밸리의 살기 좋은 지역은 더 이상 전통적으로 미국에 뿌리 내리고 살아온 백인 커뮤니티의 전유물이 아니다. 성공한 인도인, 중국인, 한국인, 유럽인들이 함께 섞여 살고 있다. 한편으로는 이러한 변화에 대한 백인사회 일부의 반감이 트럼프의 당선으로 이어지기도 했지만 말이다. 우리는 혁신을 위한 다양성을 받아들이는 사회가 될 수 있을까?

기업 경영자들의 변화

개발도상국의 경영자

개발도상국의 경영자들은 무에서 유를 창조한 도전가이며, 대부분 시대와 자신의 재능이 맞아떨어진 탁월한 리더들이었다. 그들에게 중요한 것은 사람들에게 일을 시키는 능력, 어려움이 있을 때 헤쳐나가는 굳은 신념과 의지, 임기응변의 능력이었다.

경영자는 회사에서 기본적으로 경험이 제일 많고, 아는 것도 많은 사람이어서 직원들에게 일하는 방법을 알려줄 수 있었다. 또한 그들은 절대권력을 가지고 회사를 운영하며 회사의 운명을 모두 자신의 어깨에 짊어졌고, 회사는 경영자에게 많은 것을 기대고 의존했다. 그들이 이끌어야 하는 직원들은 낮은 교육수준의 사람들이었고, 회사가 주는 월급이 아니면 먹고살기 힘든 사람들이었다. 그래서 경영자와 직원은 공동운명체로서 회사에 헌신했다.

선진국의 경영자는 회사 동료다

선진국의 기업은 그렇게 운영되지 않는다. 직원들은 경영자보다 높거나 비슷한 수준의 교육을 받았으며 최신 트렌드를 더 많이 아는 사람들이다. 또한 디자인, 마케팅, 엔지니어링, 재무 등 전문 분야에서 경영자는 그들의 지식을 따라잡을 수 없다.

또한 선진국 경제에서 회사는 더 이상 먹고살기 위한 생존의 수단만이 아니다. 회사는 직원의 소속이자 사회적 지위이자 정체성이며, 직원이 가진 전문성을 펼쳐서 사회에 기여할 수 있는 곳이다. 회사는 전문가가 필요하고 전문가는 회사가 필요하다. 서로의 필요가 없어지면 더 이상 함께할 이유가 없다. 당연히 회사에 충성하거나 헌신을 할 필요는 없다.

이러한 상황에서 모든 것을 결정하고 지시를 내리는 경영진은 더 이상 의미가 없다. 경영진은 전문적으로 경영의 역할을 하는 회사 동료가 되어야 한다. 권위적으로 가장 높은 사람일 필요도 없고, 절대적인 명령권을 가질 필요도 없다. 다만 회사 전체의 방향을 정하고 비전을 제시하는 리더십 전문가일 뿐이다. 전문적인 세부 결정은 당연히 전문가 직원들에게 맡겨야 한다.

역할조직의 최고경영자는 회의를 통해 회사의 현재를 점검하고 미래의 비전을 정하고자 많은 소통을 하지만, 일방적인 보고서나 결재 서류를 받지는 않는다. 결정은 각 전문가가 하므로 다른 사람들의 아이디어에 대해 결재를 할 필요가 없다. 대신 어떤 결정을 내렸는지를 듣고 자신의 의견을 말하며, 전문가들의 결정이 경영에 어떠한 영향을 미치는지를 판단하고 각 전문가들의 의사결정들을 조율해야 한다.

어려운 변화처럼 보이지만, 사실 매우 자연스러운 일이다. CEO는 회사의 모든 일에 대해 결재하고 결정하는 대신 자신의 전문적인 일만 하면 된다. 다시 말해 회사 전반의 방향과 비전을 가지고 각 조직이 최고의 성과를 낼 수 있도록 조율하는 역할을 하는 것이다.

CEO는 더 이상 자신이 모든 것을 아는 척할 필요도 없고, 몰라서, 또는 실수로 잘못 내린 업무 지시를 직원들이 의구심을 가지고 자신의 능력을 의심할까 봐 고민하지 않아도 된다. 항상 소통하고 함께 의사결정을 함으로써 책임은 분산되고 전문성이 강화되며, 회사 여기저기서 나오는 새로운 아이디어들로 함께 회사를 이끌어가게 될 것이다.

실무진들의 변화

개발도상국의 실무진은 딱히 뛰어난 전문가들도 아니고, 회사는 남이 시키는 일을 해주고 돈을 받는 곳이며, 최대한 일을 적게 하고 돈을 많이 받아 가는 것이 목표였다. 이런 상황에서는 중간관리자들이 직원들의 일을 관리하고 감시하는 것이 필요했다.

반면 선진국의 실무진에게 회사는 전문성과 꿈을 펼칠 수 있고 배울 수 있는 곳이지, 충성과 헌신의 대상은 아니다. 박지성은 자기가 소속된 팀인 에인트호번에 충성하기 위해 골을 넣지 않았다. 자신의 능력을 펼치고 실력을 인정받고자 최선을 다했고 에인트호번의 성공에 크게 기여했으며, 이내 맨체스터 유나이티드로 옮겨 갔다.

선진국 경제에서 실무진은 프로로서 확실한 책임감이 필요하다. 회사에 다닌다고 무조건 연봉을 받는 것이 아니라, 회사에 명확하고 확실한 가치를 제공하고 그에 상응하는 보상을 받을 수 있어야 한다.

기여의 가치는 전문가로서 최고의 품질이어야 한다. 회사와 직원 모두에게 기여의 가치에 대한 신뢰가 형성되면 자유로운 근무환경, 근무시간 등은 자연히 따라올 수밖에 없다. 실리콘밸리의 이상적인 근무환경은 회사의 시혜가 아니라 스스로 성장하고 싶어 하는 동기가 충만한 전문가 직원들을 신뢰하는 회사의 자연스러운 대우이다.

또한 전문가들은 자신이 무엇을 잘하는 사람인지 명확히 소통하기 위해서 브랜딩을 잘해야 한다. 예를 들어 '대규모 소프트웨어 설계에 탁월한 재능을 가진 엔지니어'라든지, '자연언어처리 전문 엔지니어'처럼 자신의 전문영역을 확실히 하고, 회사에 어떠한 기여를 할 수 있는지 다른 사람이 바로 알 수 있는 명확한 브랜딩이 필요하다.

인사평가의 변화

개발도상국의 제조업 환경에서는 성과에 따라 보상을 차등적으로 지급하는 성과주의가 가장 발전된 형태의 인사평가 제도였다. 하지만 위계조직은 연공서열 때문에 성과주의를 제대로 적용하기 어려웠다.

성과주의는 제대로 자리를 잡더라도 단점이 매우 명확하다. 회사에 기여한 바를 획일화된 성과지표를 가지고 평가하면, 많은 왜곡이 일어나고 보여주기식 업무를 오히려 권장하는 꼴이 되어버린다.

이것은 마치 축구에서 골을 얼마나 많이 넣었느냐만으로 공격수를 평가하는 것과 같다. 그러면 골을 서로 넣기 위해서 이기적인 플레이를 하게 될 것이고, 팀 내에서 무의미한 골 경쟁이 일어나게 되며, 팀의 전체 골 수는 오히려 줄어들게 된다. 이러한 문제를 해결하기 위해서 평가를 다면화하면 어떻게 될까? 이 방법에도 문제가 있다. 골, 어시스트, 패스 성공률 등 여러 지표를 가져오면 평가방법만 복잡해지고, 결국 일을 평가하는 것이 아니라 복잡한 평가척도에 최적화하여 일을 하는 상황이 되기 쉽다. 심한 경우에는 회사와 자기 프로젝트의 성공을 위해 일하는 것이 아니라 인사팀에서 만든 지표에 맞추어 그저 자신의 점수가 높아지는 방향으로 일의 형태를 바꾸게 된다.

이에 반해 역할조직의 평가방식인 기여주의는 매우 단순하게 시작한다.

"회사의 성공을 위해 당신은 어떤 기여를 했습니까?"

맨체스터 유나이티드에서 뛰던 박지성을 생각해보자. 공격수로서 박지성의 지표는 보잘것없다. 골의 수도, 어시스트의 수도 그리 많지 않았다. 패스 정확도도 높지 않았으며 슈팅이 좋은 것도 아니었다.

하지만 박지성은 공수 균형을 맞출 줄 알고, 공간을 보는 위치 선정 능력이 뛰어나며, 수비 가담력이 훌륭하고, 체력이 좋아서 경기 내내 상대 팀을 압박할 수 있었다. 박지성은 기존의 틀에는 맞지 않는 선수였다. 성과주의에서는 박지성과 같은 선수의 가치가 매우 낮게 평가된다. 이는 성과주의에서 직원이 기존의 틀을 깨고 혁신을 하지 못하는 이유이기도 하다. 하지만 주관식으로 팀에 대한 기여도를 물었을 때, 박지성의 팀 기여도에 의문을 제기하는 사람은 없을 것이다.

성과주의자는 박지성을 이렇게 평가할 것이다.

"골도, 어시스트도 많지 않은 그저 그런 공격수."

기여주의자들은 박지성을 이렇게 평가할 것이다.

"헌신적으로 팀에 기여하는 새로운 유형의 공격수."

회사에서도 마찬가지다. 기존의 틀에 맞지 않는 새로운 영업 시스템을 도입하기 위해 판매실적이 떨어진 혁신적인 직원을 평가할 때, 성과주의자는 이렇게 평가할 것이다.

"판매실적이 중간 수준인 직원."

하지만 기여주의자는 이렇게 평가할 것이다.

"영업부서의 미래를 위해 위험을 감수하고 투자하는 직원."

성과지표에서 벗어나 평가를 하는 것은 노는 사람에게 높은 점수를 주는 것도 아니고, 불공평한 것도 아니다. 물론 매니저 한 사람이 모든 것을 평가한다면 매우 위험한 일이 된다. 주관적인 평가는 자칫 치우치거나 잘못될 우려도 많기 때문이다. 그래서 360도 인사평가가 필요하다. 주관적인 대답이라 해도 하나의 질문에 많은 사람들이 대답하면 객관성이 확보될 수 있으며, 훨씬 유연하게 한 사람을 다방면에서 평가할 수 있다.

교육체제의 변화

개발도상국의 경제체제에서는 '생각하는 사람'이 많이 필요하지 않았다. 경영자, 전략을 수립하는 사람, 설계하는 사람, 직원을 관리하는 사람 등 소수만으로 충분했고, 그들은 시키는 일을 하는 다수의 직원들과 철저히 구분되었다. 그래서 많은 사람들이 스스로 생각해서 결정을 내릴 수 있는 윗사람이 되고자 했다. 힘든 일을 하지 않아도 돈을 많이 받고 더 편하게 살 수 있었기 때문이다. 그래서 사람들은 엔지니어가 아닌 매니저, 대리가 아닌 부장이 되길 간절히 원했다. 엔지니어와 매니저가 누릴 수 있는 회사 생활의 자유와 급여의 차이는 매우 컸다.

교육체제도 회사가 원하는 것에 순응하여 취업과 승진을 할 수 있도록 하는 교육에 모든 초점이 맞추어졌다. 회사에서는 획일화된 인력이 필요하다 보니 점수가 더 높은 것이 중요했고, 취업을 준비하는 이들도 점수를 높이기에만 열중했다. 또한 회사에 필요한 것이 특정한 전문직이 아니고 뭐든지 할 수 있는 일반직이다 보니, 직원들은 뭐든지 잘하기 위해 노력해야 했다. 영어도 중국어도 잘하고, 엑셀도 워드프로세서도 잘 다루고, 서류도 잘 만들고, 코딩도 할 줄 알고, 디자인도 좀 할 줄 알고, 영업도 제법이고, 마케팅도 할 줄 알고, 인간관계도 원만하고, 윗사람 말도 잘 듣는 그러한 사람이 되기 위해 지금까지 많은 이들이 노력해왔다.

그러나 확실한 전문영역이 없고 다방면에서 조금씩 할 줄 아는 사람은 위계조직에서는 최고의 인재이지만, 역할조직에서는 가장 쓸모없는 인재이다. 반대로 세계적인 수준으로 자신의 전문영역만 잘하는 사람은 역할조직에서는 최고의 인재지만, 위계조직의 신입사원으로는 별로 필요 없는 사람이기도 하다.

기업이 의사결정권이 독점되어 있는 위계조직에서 모두가 전문성으로 결정권을 나누어 가지는 역할조직으로 변모하면, 대학 교육도 바뀔 수밖에 없다. 각자가 전공을 깊게 공부해서 전문인으로서 브랜딩을 하고, 어떤 회사가 자신의 재능을 필요로 하는지 살펴서 맞추어가면 된다.

위계조직 체계에서는 기업도 획일화된 기준으로 정해진 1등부터 100

등까지의 인재를 찾았고, 인재들도 기업 목록을 놓고 1등부터 100등까지 지원을 했다.

기업이 위계조직적 체계에서 벗어나 특정한 포지션에 맞는 특정한 전문인력을 찾게 되면 인재들도 나와 맞는 회사, 누구와도 다른 나만의 재능을 원하는 회사를 찾게 될 것이고, 수백 개의 회사에 지원할 필요도 없어질 것이다. 또한 나의 재능을 더 잘 활용하여 성과를 낼 수 있다면, 중소기업이나 스타트업을 선택하는 것도 자연스러운 일이 될 것이다. 물론 그렇게 되려면 대기업과 중소기업이나 스타트업과의 격차가 줄어들어야 하겠지만 말이다. 이것은 쉬운 일은 아니지만, 정책적 변화 뿐만아니라 혁신을 통한 성과가 가시화된다면 불가능한 일도 아닐 것이다. 우리 주변의 스타트업들의 성공 확률이 높아지고 성공 신화를 쌓아간다면, 그리고 실패를 배움으로 보게 된다면 인재들이 지금보다 스타트업을 선택한 확률이 높아질 것이기 때문이다.

기업이 바뀌지 않는 이상, 교육기관에서 창의적인 인재를 만드는 것은 실업자를 양산하는 일일 뿐이다. 교육제도를 바꾸려면 먼저 기업이 바뀌어야 한다. 물론 지금의 중고등학생들이 5년에서 10년쯤 뒤 사회에서 자리를 만들어갈 때쯤이면, 창의력과 전문성을 중요시하는 경제체제가 되어 있을 것이라는 예상도 가능할 것이다.

누군가를 벤치마킹한다면 더 이상 애플, 구글, 페이스북, 에어비앤비, 우버가 아니다

실리콘밸리에는 똑같은 생각을 하는 기업이 없다

혁신의 시대에는 다양성이 중요하다

지금까지 살펴보았듯, 제조업 위주의 산업에서는 획일화가 중요하다. 모두가 같은 생각을 가지고 같은 목표를 바라보며 일사불란하게 움직여야 똑같은 제품을 최대한 많이 생산할 수 있다. 그래서 각자의 아이디어보다는 회장님의 생각이 강조되고 회사의 생각을 받아들일 것을 강요한다.

반면 '혁신의 시대'에는 다양성이 중요하다. 내가 어떤 생각을 하고 있을 때, 옆 사람은 전혀 다른 생각을 하고 있어야 혁신이 일어난다. 다들 같은 생각을 하는 조직에서는 혁신이 있을 리 없다. 그래서 윗사람의 명령을 듣고 수행하는 위계조직은 근본적으로 혁신을 이룰 수 없다. 반면 모두가 결정권을 가지고 전문성을 존중받는 역할조직은 비록 생산속도 면에서는 취약할 수 있지만, 혁신을 만드는 데에는 최적화되어 있다.

누군가를 벤치마킹하는 이상, 선진국형 혁신기업이 아니다

실리콘밸리에서는 같은 생각을 하는 개인뿐만 아니라 기업도 찾아볼 수 없다. 구글, 애플, 페이스북, 에어비앤비, 우버 모두 각자 다른 프로덕트를 만든다. 이들이 앞선 다른 회사를 벤치마킹한다면, 더 이상 개념설계를 하는 실리콘밸리의 회사가 아니게 된다.

선두기업을 따라 하는 벤치마킹은 실행능력이 성패를 좌우한다. 우리나라와 중국은 벤치마킹의 최강자이고, 항상 벤치마킹의 대상을 찾아왔다. 이 책을 읽는 독자들도 아마 실리콘밸리를 벤치마킹하려고 했을지 모르겠다. 하지만 누군가를 벤치마킹하는 이상, 그들은 선진국형 혁신기업이 아니다.

혁신기업은 새로운 개념을 창조해서 돈을 번다. 실제로 실행능력과 무한경쟁에는 취약하며, 레드오션에 가면 순식간에 무너질 수도 있다. 실리콘밸리의 회사들은 천천히, 하지만 끊임없이 변화하기에 새로운 개념을 만들어 시장을 독식하지 않으면 경쟁에서 뒤처져 무너질 수 있다. 게다가 실리콘밸리 회사에는 벤치마킹의 대상도 없다. 그래서 한 걸음 한 걸음 신중하게 천천히 나아간다. 방향을 잡고 뛰는 개발도상국형 기업들과는 지향점도 강점도 다르다.

그래서 선진국의 기업은 얼마나 좋은 기술을 가지고, 어떤 기술혁신을 통해 어떤 좋은 제품을 가격경쟁력이 있게 만들어내는지 이야기하지 않는다. 그들은 자신들이 무엇을 하는 회사이고 어떻게 세상을 바꾸어가고 있는지를 이야기한다. 각 회사의 정체성이 가장 중요하다. 1등을 하는 학생이라는 것이 중요한 것이 아니라 어떤 능력을 가진 성인인지가 중요하다.

산업화시대와 혁신시대의 '생각의 충돌'

물론 실리콘밸리에서도 100%의 역할조직은 찾아보기 힘들다. 그러나 각 회사가 각자의 목표와 가치관을 가지고 최선의 선택을 하려고 노력한다. 회사 내 개인의 다양성이 중요한 것처럼 실리콘밸리 내 여러 회사들의 다양성도 중요하다.

애플, IBM 같은 회사는 위계조직적 요소가 훨씬 많으며 구글, 페이스북, 에어비앤비 같은 회사는 역할조직적 요소가 더 많다고 할 수 있지만, 100% 그렇다고 할 수는 없다.

미국의 강연 플랫폼 TED vs. 한국의 '세상을 바꾸는 15분'

미국의 강연 플랫폼인 TED와 한국의 강연 플랫폼인 '세상을 바꾸는 시간 15분(세바시)'. 겉으로 보기에는 같아 보이지만, 둘 사이에는 큰 차이가 있다.

TED는 각자가 가진 생각을 가지고 나와서 청중과 세상을 향해 "저에게 이런 생각이 있어요!"라고 외치는 자리이다. 관객들은 그들의 생각을 일방적으로 받아들이지 않는다. '아, 저 친구는 저런 생각을 하는구

나. 흥미로운데?'라는 관점에서 지켜본다.

우리나라에서 강연은 기본적으로 나보다 뛰어난 사람이 가르쳐주는 정답을 들으러 가는 느낌이다. 강연자를 '선생님'이라고 부르며 권위를 부여한다. 청중은 배우려는 마음을 갖는다. '무슨 말을 하는지 보자'라고 하는 것은 좋지 않은 태도라고 비판을 받으며, 훌륭한 강연에서 하나라도 더 배우라고 강요를 한다.

우리 기업이 그러하듯, 개인도 누군가를 벤치마킹하는 데에 익숙하고, 새로운 것을 창조하는 것보다 다른 사람을 따라 하는 것을 발전의 주요 메커니즘으로 활용한다. 이것은 동양과 서양의 차이가 아니다. '산업화시대의 생각'과 '혁신 시대의 생각'의 충돌이다.

혁신의 시대에 우열은 없다, 다양성이 있을 뿐

미국은 이미 30년 전에 산업화 시대가 끝나서 획일적인 생각이 배척된 지 한 세대가 지났다. 우리나라는 이제 시작이다. 이미 우리나라의 많은 사람들에게서 획일화된 문화에 대한 문제제기가 일어나고 있는 것은, 우리의 산업화 시대가 끝나고 있다는 증거이다.

다양성의 시대에는 정답이 정해져 있지 않다. 누가 하는 말이든, 무조건 옳은 말은 없다. 지금까지 더 나은 미래를 보장해주는 말로 믿어왔던 '열심히 노력하라'라는 말도 이제는 여러 관점에서 재해석되고 있으며, 각 사람마다 다르게 해석되기 시작했다.

옛날에는 모든 사람들이 아침 일찍 일어나고 하루종일 최대한 많은 생산적 활동을 하는 것이 이상적이라고 생각했다. 소비, 게임, 멍 때리는 시간 등은 단순히 낭비로 받아들여졌다. 하지만 지금의 세상, 그리고 앞으로의 세상은 전혀 그렇지 않다. 프로게이머는 열심히 게임을 할 것이고, 어떤 사람은 몽상으로 새로운 아이디어를 만들 것이다. 혹자는 엄청난 소비 경험을 통해 플랫폼을 만들어낼 수도 있을 것이다. 누군가는 열심히 살지 않는 것의 가치를 발견하고, 회사를 그만두고 자신이 하고 싶은 일을 찾아나설 것이다.

이 책의 내용도 마찬가지이다. 이 책에 나오는 역할조직, 그리고 실리콘밸리의 이야기는 이렇게 생각하고 살아가는 사람들이 있다는 정보를 전하고 싶어서 쓴 것이다. 역할조직이 위계조직보다 반드시 우월한 것은 아니며, 실리콘밸리가 우리나라보다 우월한 것도 아니다.

"세계 최고의 축구선수 메시가 우월한 사람일까? 우리 국가대표 골키퍼 조현우가 우월한 사람일까?"

산업화시대의 답은 '메시'일 것이다. 그가 돈도 더 많이 벌고 인기도 많기 때문이다. 하지만 정보화 시대, 혁신시대의 답은 '둘은 서로 다른 사람이다'이다.

메시와 조현우는 각자 다른 가치를 가지고 있다. 메시가 아무리 뛰어난 축구선수여도, 골키퍼 자리가 비었을 때 조현우만큼 골대를 지켜낼 가능성은 거의 없다. 둘은 다른 가치를 가지고 있는 것이다.

"구글이 더 좋은 기업인가, 한국의 작은 스타트업이 더 좋은 기업인가, 한국의 제조업 대기업이 더 좋은 기업인가?"

산업화 시대에는 기업의 우열을 시가총액, 또는 다른 어떤 기준으로 일렬로 세웠지만, 혁신의 시대에는 각자 다른 역할을 하는 다른 기업일 뿐이다. 마치 "싸이가 더 좋은 가수냐, BTS가 더 좋은 가수냐?"라는 것만큼이나 의미 없고 허무한 질문일 뿐이다. 둘은 그냥 각자 다른 가치를 가진 다른 가수인 것이다.

"사장님이 더 우월한 사람일까, 내가 더 우월한 사람일까?"

이 질문도 마찬가지이다. 산업화 시대에는 사장의 권위와 역할이 더 중요했지만, 혁신의 시대에는 그냥 다른 역할을 가진 회사 동료일 뿐이다. 엔지니어인 나는 스티브 잡스보다, 미국 대통령보다, 우리 회사 CEO보다 내가 만드는 프로그램에 대해 더 많이 알고 있고, 프로그래밍을 더 잘한다고 자신할 수 있다.

실리콘밸리는 역할조직의 방식으로 혁신을 만들고 있다. 앞으로 우리나라의 많은 사람과 회사들이 혁신의 시대를 살아가기 위해 변화를 시작할 때에 좋은 참고자료가 되면 좋겠다. 그러나 우리가 만들어가는 '혁신의 시대'는 지금까지 실리콘밸리가 보여준 혁신의 시대와는 달라야 한다. 다만 실리콘밸리는 혁신의 시대를 시작하는 우리에게 좋은 이정표가 될 수 있을 것이다.

우리 기업들이 역할조직이 될 수 있을까?

미국 기업도 30년 전엔 모두 위계조직이었다

처음에는 나도 실리콘밸리의 역할조직은 서양의 개인주의에서 기인했고, 우리의 위계조직은 유교문화 때문이라고 생각했다. 하지만 미국도 예전에는 모든 분야에서 위계적이었고, 역할조직의 기업문화는 최근의 구글이나 넷플릭스에서 생겨난 것이라는 것을 알게 되었다.

구글의 CEO 에릭 슈미트의 『구글은 어떻게 일하는가』에는 '스마트 크리에이티브'라는 개념이 등장한다. 똑똑하고 창의적인 인재에게는 월급을 많이 주거나 휴가를 주는 것이 중요하지 않고, 그냥 최대한 자유를 주고 자신의 창의성을 마음껏 발휘하게 해주면 된다는 생각이다. 이러한 생각이 책으로 나올 정도로, 미국에서도 구글 이전에는 생소한 개념이었다.

그전에도 휴렛팩커드HP 등이 직원들과 평등한 관계를 유지하려 했지만, 이것은 어디까지나 윗사람이 아랫사람을 평등하게 대하는 것이었지, 전문가로 대하면서 무제한의 자유를 주는 것은 아니었다.

전문가 문화를 만드는 구글의 이러한 시도는 넷플릭스에서 한 번 더 성숙했다. 그 결과 회사 구성원 한 사람 한 사람을 프로 스포츠 선수처럼 대하게 되었다. 직원들은 회사를 위해 일하는 것이 아니라 자신의 커리어를 위해 일하며, 최고의 보상을 받는다.

넷플릭스는 복지를 약속하지 않는다. 전문가로서 일에 필요한 휴가와 휴식은 그냥 마음껏 가지라는 것이 그들의 정책이다. 돈 걱정도 하지 않고 다른 회사로 굳이 빠져나가야 할 이유도 없도록, 이직을 하지 않아도 될 만큼 업계 최고 수준의 연봉을 맞춰준다. 대부분의 실리콘밸리 회사들도 연봉은 대체로 정해진 비율로 오르는데, 넷플릭스는 더 파격적인 대우를 해준다.

미국에서도 이러한 모든 변화는 1990년대 중반 이전에는 전혀 없던 일이었다. 혁신의 시대로 넘어가면서 어떻게 하면 혁신적인 전문가를 최대한 활용할까 고민하다가 자연스럽게 생긴 체제인 것이다.

제조업 시대가 저물면 역할조직이 등장한다

한국에 역할조직이 별로 없는 이유는 '제조업 시대'가 아직 제대로 끝나지 않았기 때문이다. 유교문화 때문에 위계조직을 선호해서가 아니다.

다음의 차트는 미국과 한국의 1960년대 이후 1인당 국민소득이다. 미국에서 제조업 시대가 끝나고 소프트웨어 산업이 제대로 시작되면서 역할조직의 개념이 생기기 시작한 때는 1990년대 중반이다. 마이크로소프트가 세계를 정복하고 구글이 탄생하던 시점이다. 그 이전의 거의 모든 미국 기업들은 철저히 위계조직이었다.

미국과 한국의 1인당 국민소득

단위: 달러 | 출처: 국가통계포털

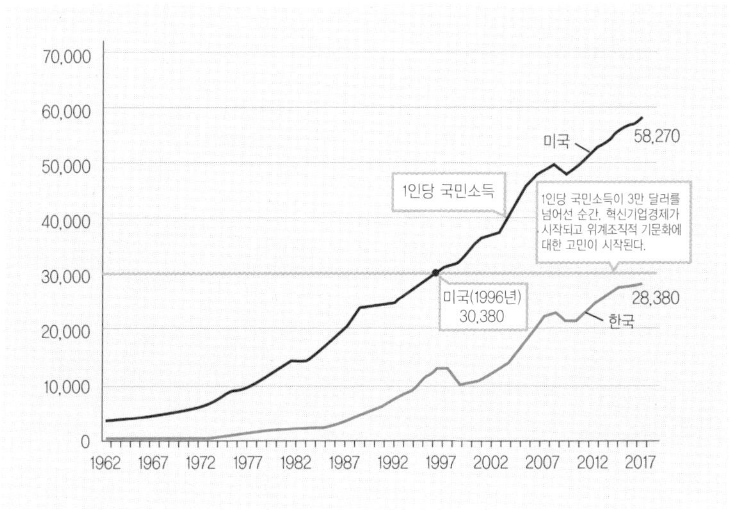

1인당 국민소득이 3만 달러가 넘어가는 시점이 제조업의 한계점이고, 이때부터 혁신경제가 시작된다고 가정하고 보면, 지금 우리나라에서 위계조직의 기업문화에 대해서 고민하기 시작한 이유가 보인다.

실제로 '일본의 혁신경제'라고 할 수 있는 닌텐도를 위시한 게임산업은, 일본이 1인당 국민소득이 3만 달러를 넘어가던 1990년 전후로 전 세계 게임 소프트웨어 시장을 장악했다. 다시 말해 1인당 국민소득이 3만 달러가 넘어가는 시점에서 많은 국가들이 제조업 국가에서 금융, 서비스, 소프트웨어 국가로 변모한 것이다.

2017년 기준의 세계은행 데이터를 살펴보면, 1인당 국민소득이 3만 달러 이상인 세계 어느 선진국도 제조업의 GDP 기여 비중이 30%를 넘지 않는다. 제조업 강국인 독일과 일본은 21%, 미국은 12%, 프랑스는 10% 수준이다. 중국은 제조업의 GDP 기여 비중이 29%이며 우리나라는 28%를 차지하고 있다. 우리나라와 중국은 그동안 제조업 비중이 꾸준히 상승했지만, 최근 들어 하락하기 시작했다. 그리고 앞으로 GDP에서 제조업이 차지하는 비중은 더욱 하락할 것으로 보인다.

주요국의 GDP 대비 제조업 부가가치 비중

단위: % | 출처: 세계은행

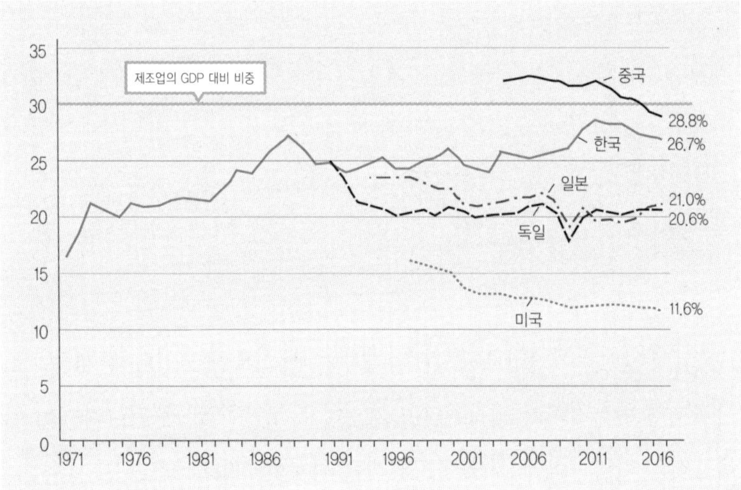

제조업이 정점을 찍은 1990년대 독일과 일본의 1인당 국민소득은 미

국을 웃돌았다. 독일과 일본은 세계에서 몇 안 되는 선진 제조업 국가이다. 두 국가는 쉽게 따라잡을 수 없는 하이테크 제조업 기술을 가지고 있지만, 우리나라와 중국에 제조업 시장을 빼앗기면서 1990년대 이후로는 횡보를 하고 있다. 반면 이미 전통적 금융 강국이었으며 소프트웨어 산업으로 전환에 성공한 미국의 경우 가파른 상승세를 이어가고 있다.

주요국의 1인당 국민소득

단위: % | 출처: 국가통계포털

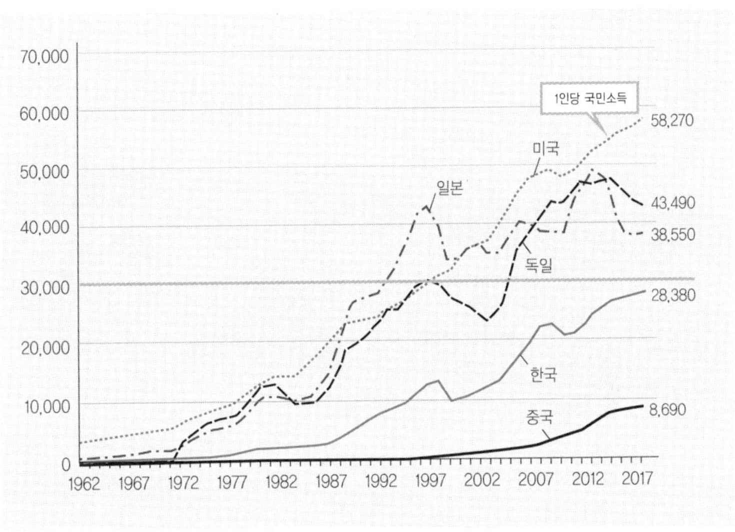

미국이 정책적인 결정을 내려서 제조업에 지원을 끊고 소프트웨어 진흥 정책을 쓴 것은 아니다. 극한의 자유시장에 그냥 맡기다 보니 실리콘밸리라는 것이 생겼고 제조업은 크게 위축되었다. 망한 제조업에 종사하던 사람들이 분노하며 트럼프를 대통령으로 만들었지만, 연방정부의 정책이 경제에 미치는 영향이 미미한 미국에서는 트럼프가 할 수 있는 일도 별로 없었다.

위계조직의 틀을 깨기 위한 제언

우리나라가 혁신경제로 넘어가기 위해서는 대기업 위주의 경제체제가 아닌, 스타트업 위주의 빠르게 변화하는 소프트웨어 산업이 필요하다. 거듭 이야기했듯, 소프트웨어 스타트업에서는 위계조직일 경우 경쟁력이 큰 타격을 받게 된다. 비슷비슷한 일을 하는 사람들을 모아서 최대한 근무시간을 늘리는 제조업의 방식으로는 꾸준히 발전하는 소프트웨어를 만들 수 없기 때문이다.

우리나라 기업들이 제조업에서 소프트웨어 위주의 혁신산업으로 넘어갈 것이 자명한 이상, 기업문화 역시 위계조직에서 역할조직으로 변화하는 것이 당연하다. 하지만 그렇다고 해서 우리나라가 '혁신시대의 주역'이 되는 것은 아니다. 우리가 대기업 위주의 위계조직의 틀을 깨고 역할조직이 주도하는 혁신경제로 넘어가려면, 다음과 같은 현재의 한계들을 해결해야 한다.

금융 생태계가 바뀌어야 스타트업의 혁신이 가능하다

현재의 금융 생태계는 대기업에 유리하게 짜여 있어서 스타트업들이 투자를 받고 실패를 계속하면서 발전할 수 있는 여지가 없다.

우리나라에서 스타트업을 하면, 성공해서 자산가가 될 확률보다 신용불량자가 될 확률이 훨씬 높다. 실리콘밸리는 엔젤 투자에 기반하기 때문에 투자금을 날려도 개인파산으로 이어지지 않는다.

또한 우리나라는 기업 인수 시에도 100% 주식을 사는 것이 아니라 51%의 지배권만 사는 경우가 많다. 스타트업의 경영권만 사서 좀비 회사로 만들어버리면 나머지 49%의 주식은 휴지조각이 되어버린다. 미국에서는 있을 수 없는 비윤리적인 기업 행위지만, 우리나라에서는 기업합병의 표준방식으로 자리 잡았다. 이렇게 되면 스타트업에 입사하여 회사의 지분을 가지고 있어도 성공을 거두기는 힘들다. 주식 상장까지 가는, 드물게 성공한 경우가 아니면 큰 이득을 보는 경우가 거의 없다고 할 수 있다.

따라서 우리나라의 소프트웨어 엔지니어들은 실리콘밸리와 달리 대박의 꿈을 안고 스타트업에 뛰어들 이유가 전혀 없다. 스타트업이 각광받는 곳이 아니다 보니 커리어에도 별로 도움이 되지 않는다. 대기업이 돈을 더 많이 주고 복지도 좋은 데다가, 스타트업에서 주식으로 크게 돈을 벌기도 기대할 수 없는 상황이니, 대기업에 못 들어간 사람이 스타트업으로 가게 될 수밖에 없다. 결국 대기업의 경제 독점체제를 깨지 않으면 아무리 뛰어난 역할조직의 스타트업이라 해도 돈과 뛰어난 인재가 많은 위계조직을 이기기 힘들 수 있다.

다양성 없는 역할조직은 스트라이커만 있는 축구팀과 같다

우리의 스타트업을 비롯한 대부분의 기업들은 다양성이 없다. 우리나라 사람들끼리 모여, 우리나라 사람들이 생각하는 문제를 우리나라의 방식으로 해결한다. 반면 실리콘밸리에는 전 세계 사람들이 모여 제각기 생각하는 문제를 공통의 방식으로 풀어낸다. 마치 싸이월드와 페이스북의 차이처럼 말이다.
우리나라에 최적화되어 있던 아기자기한 서비스인 싸이월드는 페이스북보다 훨씬 먼저 소셜네트워크 시장을 선점했지만, 전 세계 모든 사람들이 쉽게 이해하고 받아들일 수 있는 시스템을 만들어 내놓은 페이스북을 이길 수가 없었다. 한편 세계적인 소프트웨어를 개발하는 나라 중에 인도인, 중국인 개발인력의 비율이 거의 제로에 가까운 나라는 우리나라와 일본밖에 없다.

위계조직에서 다양성은 독이다. 명령을 내렸을 때 문화가 다르고 언어가 다른 사람이 제대로 수행하기는 쉽지 않기 때문이다. 하지만 역할조직에서 다양성은 꽃이다. 내가 한 가지 생각을 하고 있을 때 옆 사람은 완전히 다른 생각을 해야 혁신이 일어난다. 다양성이 없는 역할조직은 역할조직으로서 가치가 없다. 마치 스트라이커만 열한 명 있는 축구팀과 같다.

이것은 놀라운 기술을 가지고 있던 일본이 소프트웨어 대국으로 변모하지 못했던 이유이기도 하다. 일본은 국가적인 차원에서 위계조직적 모습이 워낙 강하고, 메이지 유신 이래 국가가 변화를 주도해왔다. 다양성이 없는 국가는 그 나라의 문화를 살린 소프트웨어와 콘텐츠를 만들 수는 있지만, 전 세계적인 소프트웨어를 만들기는 어렵다. 일본 색이 짙은 '슈퍼마리오' 게임이나 아니메 등이 세계 시장에서 선전하고 있지만, 구글과 페이스북의 파급 효과에는 비할 바가 못 된다.

경제체제의 유연성이 필요하다

우리는 정부의 계획경제로 인해 경제체제의 유연성이 없다. 서민경제에

도움이 되고 상생하고 소득주도성장을 하려면 우버 같은 공유경제가 유리할까, 기존 택시산업이 유리할까?

다양한 이견의 여지가 있지만, 우버를 도입하면 해외자본에 종속되고, 또한 지금까지 고생해서 라이선스를 딴 택시기사들을 하루아침에 실업자로 만들며 무한경쟁에 내모는 것보다는 택시산업을 보호하는 것이 오히려 서민경제를 더 보호한다고 생각할 수도 있다. 미국에서 우버가 성장할 수 있었던 것은, 국민을 위해 어떤 것이 도움이 될 것인가를 고민해서 만든 규제정책의 문제가 아니었다. 스타트업 자본이 택시 카르텔의 자본을 통한 로비력을 압도한 결과이다.

직원의 복지로 유명한 실리콘밸리의 경제체제는 복지체제가 아니다. 가장 극단적인 자유주의 경제체제이다. 연방정부가 보장하는 출산·육아휴직은 0일이고, 회사가 망한다고 정부에서 세금을 지원해주는 경우도 거의 없다. 자동차 산업처럼 산업 전체가 무너질 때에나 이루어지는 극히 이례적인 경우이다.

혁신경제를 막는 한계를 넘어서

결국 대기업 위주의 금융과 경제 시스템, 단일 민족국가로서의 다양성의 부재, 산업화 시대를 거치면서 생겨난 정부 주도 계획경제는 우리나라가 1970~1980년대에 제조업의 강자 중 하나로 발돋움할 수 있었던 기제이지만, 지금은 우리나라에 혁신경제가 자리 잡는 것을 막고 있는 한계가 되고 있다.

기업의 조직이 위계조직에서 역할조직으로 바뀌는 것은 혁신경제로 나아가기 위한 작은 도전에 지나지 않는다. 미국 정부가 보호장치를 해주지 않았음에도 실리콘밸리에서 역할조직을 운영하는 기업들이 살아남은 것은, 앞으로의 혁신경제에 최적화된 전문가의 조직이 소프트웨어 등의 혁신경제의 주인이 될 수 있기 때문이다.

남이 시켜서 만든 경직된 소프트웨어와 직원 각자가 자신의 일로 생각하고 자기 커리어를 위해서 최선을 다해 만든 유연한 소프트웨어는 경쟁이 될 수도 없을 만큼 사용자 경험 면에서 차이가 크다. 그러므로 소프트웨어 위주의 혁신경제가 이끌어갈 앞으로의 우리나라에서 위계조직이 점차 역할조직으로 변화해가는 것은 자연스러운 현상이 될 것이다.

위계조직을 역할조직으로 만드는 법

위계조직을 역할조직으로 변모시키려면 어떻게 해야 할까? 역할조직을 위계조직으로 바꾸는 것은 그리 어렵지 않지만, 위계조직을 역할조직으로 변모시키는 것은 그리 쉬운 일이 아니다. 우선 위계조직을 역할조직으로 만들어보면서 그 반대 방향을 생각해 보자.

구글을 위계조직으로 만들어보자

구글은 직원들을 '스마트 크리에이티브'라고 하면서 최대한의 자율성을 부여하고 결정권을 보장한다. 그래서 직원들은 끊임없이 실패하는 프로젝트를 만들어내고 그 과정에서 배워가며 혁신을 만들어간다. 모든 구글의 구성원들이 그렇게 일하는 것은 아니고 위계적으로 일하는 사람들도 있지만, 대체로 회사의 방향이 그러하다.

그러한 구글을 우리나라 대기업과 같은 위계조직으로 만들려면 어떻게 하면 될까? 두 가지만 하면 어떠한 역할조직도 완벽한 위계조직으로 변모시킬 수 있다.

1. 결정권을 위에 둔다

실무진이 스스로 결정하지 못하게 하고 모든 결정권을 위로 가져가면, 위계조직으로 가는 첫발을 뗄 수 있다. 실무진은 시키는 일만 하고, 시키지 않은 일은 성공해서 큰 이득을 가져오는 일이 아니면 못하게 하는 것이다. 물론 시키지 않은 일을 하는 과정에서 조금이라도 잘못되면 직원은 크게 혼나거나 징계를 받게 된다.

이렇게 하면 자신의 강점을 살려서 마음껏 일하던 스마트 크리에이티브를 시키는 일만 하는 성실하고 착한 직원으로 변모시킬 수 있다. 이전까지 팀장이 뭐라 하든 자기 페이스로 회사의 미션을 향해 일하던 직원들은 서서히 변하기 시작할 것이다. 모든 일을 팀장의 결재 하에 진행해야 하고 팀장이 인사의 전권을 쥐게 된다면, 항상 팀장의 눈치를 보면서 보고서를 쓰는 데 많은 시간을 들이게 될 것이다. 그리고 어떻게 하면 혼나지 않고 승진할까를 생각하게 될 것이다.

실무진은 더 이상 회사의 미션이 별 의미가 없다는 것을 깨닫게 될 것이다. 역할조직일 때에는 회사에 미션에 맞는 일을 하면 팀장이 뭐라고 하든, 심지어 CEO가 뭐라고 해도 충분히 미션에 비추어 설득하고 토론할 수 있었다. 그러나 팀장이 모든 결정을 내리는 순간 회사의 미션이 아니라 팀장의 생각이 더 중요한 기준이 된다. 아무리 논리적으로 토론을 해도 팀장이 기분이 나쁘다고 싫다고 하면 그만이다. 그래서 일의 목표나 회사의 미션보다는 팀장과의 관계가 중요해진다. 자신만의 영역을 갖고 유니크한 기여를 하던 직원들이 둥글둥글한, 팀을 위해 희생하고 팀장의 눈치를 보는 성실한 인재가 되는 순간이다.

2. 인재 이적시장을 없앤다

이전까지 자신의 개성을 살려 미션을 이루기 위해 일하던 사람들에게 팀장을 위해 일하라고 하면, 온갖 자괴감과 함께 돈을 많이 주어도 회사를 떠나고 싶다는 생각이 들 것이다. 그러한 유혹을 막기 위해서는 이적시장을 막는 것이 중요하다. 회사 내에서 충성교육을 하고 연봉을 올려주는 것으로는 그들을 잡아두는 데 역부족이다. 더 중요한 것은 다른 회사로 이직하는 사람을 배신자나 조직 부적응자로 생각하는 사회적 분위기가 필요하고, 다른 회사에 가도 다 똑같을 것이라는 생각을 주입해야 한다.

그래서 위계조직이 된 후 인재 유출을 막기 위해서는 이적시장을 없애는 것이 중요하다. 다른 회사들이 "우리 회사에서는 옛날처럼 너의 재능을 마음껏 쓸 수 있어"라고 하면서 유혹할 것이 뻔하기 때문이다. 이는 한 회사만의 노력으로 되기는 힘들다. 다른 회사들도 위계조직적 시스템을 가지고 있어야 하고, 이직하는 사람에 대한 곱지 않은 시선을 보내는 사회적인 분위기도 필요하다. 이적시장을 없애고 나면 회사에 입사할 방법은 신입 공채밖에 없게 된다. 입사방법을 공채로 변화시키면 많은 변화가 따라온다.

결정권을 위에 두고, 이적시장을 없앤 효과

결정권을 실무진이 아닌 관리자에게 부여하고 이직을 어렵게 만들면, 다음과 같은 효과들이 자연스럽게 나타난다.

첫째, 신입 공채가 과열되고 공채시험에 재수, 삼수를 하는 취업 준비생이 생겨나게 된다. 이 회사에 들어올 방법은 대학을 막 졸업한 젊을 때에 한정되기 때문에 공채는 회사에서 가장 중요한 일이 된다. 이는 교육과정에도 영향을 미친다. 학생들이 자신의 장점을 찾기보다는 공채의 기준에 맞는 스펙을 갖추기 위해 노력하게 된다.

둘째, 연공서열이 생겨난다. 공채 중심의 채용을 하면 입사동기가 생겨난다. 모두가 같이 시작하기 때문에 누가 더 빨리 승진하는지, 또는 늦게 승진하는지가 명확하게 드러난다. 그래서 연공서열이 자연스럽게 생겨나고, 아랫사람이 나이가 더 많거나 똑똑하면 일하기가 불편해진다.

셋째, 전문가가 없어진다. 수시로 전문직에 맞는 사람들을 뽑을 수 없는 상황에서는 공채를 통해 이미 들어온 직원들을 어떠한 자리에도 쓸 수 있도록 학습시켜야 한다. 직원들은 인사팀, 전략팀, 판매팀, 구매팀, 제품제작팀 등 어느 팀에 가도 적응하고 실적을 낼 수 있어야 한다. 그래서 엔지니어, 디자이너, 마케터, 세일즈 전문가가 아닌 삼성맨, 엘지맨 등 회사 어디에나 적응할 수 있는 제너럴리스트가 회사에 더 필요한 사람이 된다.

위계조직을 역할조직으로 바꾸려면 두 가지만 하면 된다

위계조직에서 갑자기 결정권을 전 직원에게 나누어주면 엄청난 혼란이 생긴다. 직원들은 얼마나 많은 결정권이 자신에게 주어졌는지 쉽게 알 수가 없어서 어디까지가 재량권이고, 어디까지가 월권인지 알기가 어렵다. 그래서 끊임없는 소통을 통해 서로에게 무엇을 기대하는지를 확실히 하는 과정이 필요하다.

모두가 자율적으로 자신의 업무를 결정하게 되면 필연적으로 빈자리가 생기게 된다. 모두가 마케팅을 하고 싶으면 세일즈에는 빈자리가 생길 것이다. 그렇게 되면 자연히 이적시장의 필요성이 생기게 된다. 마케팅 자리는 한정되어 있기 때문에 다른 회사로 마케팅 기회를 찾아서 떠나는 사람이 생기고, 비어 있는 세일즈 자리를 채우기 위해 자리에 딱 맞는 사람을 찾아나서게 될 것이다. 이렇게 스스로 결정권을 갖게 되면 자신이 하고 싶은 일을 하게 되고, 그러면 이직이 활발해진다.

스스로 결정권을 갖는 사람들은 언제나 이직을 염두에 두기 때문에, 회사 윗사람의 마음보다는 업계 전체의 흐름과 신기술에 더 관심을 갖게 된다. 그리고 시키는 일이 아니므로 더 이상 근무시간이나 복장 등에 대한 제한이 의미가 없어진다. 일에 대한 동기가 회사 내부의 승진이 아니라 업계와 커리어와 인생 전체가 되는 것이다.

직원들을 결정권을 가진 전문인으로 대하고, 인재풀을 사내가 아닌 업계 전체로 넓히는 것, 이 두 가지 조치로 역할조직으로 변하는 방향을 설정할 수 있다. 그리고 단순히 정책을 정하고 공지하는 것으로 이러한 변화가 성공할 수는 없다. 끊임없는 소통을 통해 아주 작은 부분까지도 오해를 없애고, 각자의 역할과 주도적인 마음가짐에 대한 서로의 기대를 분명히 해야 한다.

'하나를 가르쳐주면 열을 아는 소통'이 아니라, '하나를 오해 없이 소통'하기 위해 열 가지 다른 측면에서 소통하는 오버커뮤니케이션over-communication 문화가 필요하다.

에필로그

일론 머스크는 이윤창출을 위해 사업을 시작하지 않았다

경제적 성장에 따라 개인이 추구하는 욕구가 달라지듯, 기업과 국가도 경제성장에 따라 추구하는 욕구가 달라진다. 절대빈곤에서 벗어나려고 노력하던 시절에는 생존과 안전이 최우선이었다. 기업도 개인도 모두 생존을 위해 치열하게 일하고, 한정된 자원을 조금이라도 더 많이 소유하기 위해 경쟁을 벌였다. 그 당시 모든 기업의 목표는 돈을 버는 것이었고, 국가의 경제를 살리는 것이었다.

산업화 시대에 본격적으로 접어들면서 소속감과 존중감을 추구하게 된 우리 기업들은 다른 나라의 기업들과 초격차를 벌리며 경쟁에서 본격적으로 앞서나갔다. 그래서 우리는 성공한 경제부국이 되었으며 주위 나라들의 부러움을 받았다. 기업들은 돈을 어떻게 투자하여 더 크게 돈을 벌고 더 큰 성공을 거둘지를 고민했다.

이제 선진국이 된 우리가 추구하는 욕구는 자아실현이다. 우리는 어떤 장점과 단점을 가진 나라이며, 어떤 성격을 가지고 어떤 가치를 세계에 줄 수 있는 나라인가?

학창시절의 성적이 성인이 되면 별 의미가 없어지는 것처럼, 앞으로 우리가 추구해야 할 목표는 개발도상국 사이에서 1등 생산량을 자랑하고 기술격차를 자랑하던 시기와는 달라야 할 것이다. 미국, 일본, 중국, 프랑스, 스페인, 인도가 줄 수 없는, 우리나라만이 세계에 줄 수 있는 새로운 가치는 무엇일까?

이러한 질문 앞에 기업의 목적도 더 이상 이윤창출만은 아니어야 한다. 이윤창출을 추구해서 돈을 벌 수 있는 시대는 지나가고 있다. 이제는 기업도 세상을 바꿀 수 있는 새로운 가치를 제공할 수 있어야 한다. 공부를 잘해서 칭찬받던 학생이 아니라, 사회에서 자신의 가치를 입증하고 새로운 가치를 주는 어른이 되어야 한다. 그러면 자연스럽게 독점시장이 생기고 돈은 뒤이어 따라온다.

스티브 잡스는 이윤창출을 목표로 사업을 시작하지 않았다. 세계를 발전시키는 똑똑한 사람들이 쓰는 도구를 만들고 싶었고, 기술적으로는 새로울 것이 없지만 기존에 없었던 새로운 기계들을 만들어냈다. 그리고 세계에서 가장 가치 있는 기업을 만들었다.

또한 일론 머스크는 이윤창출을 위해 사업을 시작하지 않았다. 에너지 문제를 해결하고 싶었고, 그의 새로운 개념과 미친 생각들은 엄청난 부를 가져다주었다.

이미 세계적인 성공을 거둔 K-POP과 드라마 등 문화 다음으로 우리가 세계에 제시할 수 있는 새로운 개념은 무엇일까? 다 큰 청년이 된 우리나라는 어떤 어른이 되어가고 있을까? 성장하면서 꿈꿨던 것만큼 훌륭한 선진국이 되지 못했다면, 앞으로는 어떻게 더 나은 가치를 만들어가는 나라가 되어야 할까?